全国“八五”普法
推荐读本

教师
法治教育
手册

佟丽华 主编

中国法制出版社
CHINA LEGAL PUBLISHING HOUSE

编委会

主　编：佟丽华

副主编：于旭坤　李　荔

编委会成员：姚艳姣　赵　辉　刘晓颖
陈　强　李静雯　甘　露

前　言

近年来，党和国家以及社会各界高度重视未成年人保护工作，《民法典》《刑法》《刑事诉讼法》等法律法规和司法政策都规定了大量与未成年人权益保护密切相关的内容。2021年更是我国未成年人保护尤其是学校保护相关法律制度取得重大发展的一年：3月1日，教育部发布的《中小学教育惩戒规则（试行）》施行；6月1日，修订后的《未成年人保护法》《预防未成年人犯罪法》施行；9月1日，教育部发布的《未成年人学校保护规定》施行。上述法律和教育部规章对教师行业提出了很多新的要求。同时我们也要看到，尽管国家作出了很多明确规定，但有些教师对当前学生保护工作还不够重视，有些教师不够了解法律政策的最新要求，极少数教师依然违法违规，侵害学生权益，一些案件引发了社会高度关注，影响了学校甚至教育系统的声誉。

在中央全面强调“双减”的时代背景下，如何更好地保护在校未成年学生的合法权益，以促进学生身心健康成长，是当前所有教师都必须知晓的事情。为了帮助教师学习、了解相关法律知识，我们认真研究，总结梳理了教师必须知晓的60个法律问题，编成本书，供教师学习使用。

目录

第一章　教师维护自身权益的制度机制

第二章　对教师保护学生权利的基本要求

第三章　对禁止和限制教师从业的要求

第四章　对教师教育惩戒的有关要求

第五章　对教师防治学生欺凌的要求

第六章　对教师防治校园性侵的要求

第七章　对教师保障学生安全的要求

第八章　对教师强制报告的要求

第九章　对禁止教师实施其他行为的要求

第十章　教师违反相关规定的法律责任

第一章

教师维护自身权益的制度机制

教师是公民，其合法权利受到国家法律的保障。教师是崇高的职业，其依法履行对学生教育、管理、教育惩戒的行为更要受到保护。教师要学习、了解与自身权益密切相关的法律，不要触碰底线、红线，要学会依法维护自身的合法权益。

1 教师作为普通公民的权利依法受到保障

典型案例

教师也是普通人，同样会有婚姻家庭、社会生活等人生经历，在不同场域中承担不同的社会角色。

孙某与无锡市惠山区教育局劳动合同纠纷案[①]

孙某是某民办学校合同制教师，其间孙某被借调到其他工厂工作，此后又去其他地方工作，但其人员性质仍为民办合同教师。经学校申请，当地教育行政部门于1995年3月作出批复，认为孙某自1991年起到外地另谋职业，与学校脱离关系，按孙某自动离职处理。2004年，孙某向人民法院提起行政诉讼，申请撤销当地教育行政部门对其作出的除名决定并恢复其教师资格，后孙某撤回起诉。2019年，孙某又重新申请劳动仲裁并向人民法院提起诉讼。人民法院经审理认为，孙某的诉请已经超过诉讼时效，因此驳回了孙某的诉讼请求。

---

① 江苏省无锡市中级人民法院（2021）苏02民终2227号民事判决书，载中国裁判文书网。

要点提示

教师是社会的一员，其工作情况、社会交往、婚姻家庭、人身安全、购物买房等日常生活工作都与法律密切相关，教师要了解日常生活中常见的法律知识，要学习常用的依法维权知识。

扩展解读

教师在民事交往中同样享有《宪法》和《民法典》等规定的相关权利，应当受到法律保护。

第一，享有宪法规定的基本权利。

教师作为中国公民依法享有公民的基本权利，在法律面前一律平等，人身自由不受侵犯，人格尊严不受侵权，同时享有财产权、劳动权利、退休人员的生活保障权利等。当然，如果教师认为自身权利受到侵害，还可以依法提起诉讼或者申诉、控告。孙某认为当地教育行政部门的处理侵犯了其合法权益，因此他有权利申请仲裁或者提起诉讼，其诉权同样受到法律保护。

第二，在民事交往中享有相应权利。

刑事犯罪离绝大多数人的生活比较远，而教师在民事交往中享有的权利可能更受关注。根据我国《民法典》等相关规定，公民享有人身权、财产权以及其他合法权益，教师的人身安全应当受到保障，可以依法享有并支配财产，在权利受到侵犯时，可以到人民法院提起诉讼或者请求有关国家机关予以保护。

相关规定

《宪法》

第三十三条　凡具有中华人民共和国国籍的人都是中华人民共和国公民。

中华人民共和国公民在法律面前一律平等。

国家尊重和保障人权。

任何公民享有宪法和法律规定的权利，同时必须履行宪法和法律规定的义务。

第三十八条　中华人民共和国公民的人格尊严不受侵犯。禁止用任何方法对公民进行侮辱、诽谤和诬告陷害。

第四十一条　中华人民共和国公民对于任何国家机关和国家工作人员，有提出批评和建议的权利；对于任何国家机关和国家工作人员的违法失职行为，有向有关国家机关提出申诉、控告或者检举的权利，但是不得捏造或者歪曲事实进行诬告陷害。

对于公民的申诉、控告或者检举，有关国家机关必须查清事实，负责处理。任何人不得压制和打击报复。

由于国家机关和国家工作人员侵犯公民权利而受到损失的人，有依照法律规定取得赔偿的权利。

《民法典》

第三条　民事主体的人身权利、财产权利以及其他合法权益受法律保护，任何组织或者个人不得侵犯。

第四条　民事主体在民事活动中的法律地位一律平等。

第八条　民事主体从事民事活动，不得违反法律，不得违背公序良俗。

第十三条 自然人从出生时起到死亡时止，具有民事权利能力，依法享有民事权利，承担民事义务。

第十四条 自然人的民事权利能力一律平等。

2 教师要熟悉教育、管理学生的边界，依法维护自身权益

典型案例

宁夏一教师因追星辱骂学生被处分[①]

2021年4月，教育部公开曝光八起违反教师职业行为十项准则典型案例。在通报的第四起案例中，涉事教师因追星辱骂学生而混淆了公私边界，最后被教育部通报批评：

"……四、宁夏回族自治区永宁中学教师吴某教学方式不当问题。2020年4月16日，吴某在上网课点名时要求学生实名登录，一学生以'肖某糊了'的网名登录后，吴某在对其进行批评教育时方式不当，言语有失教师职业身份，造成不良影响。吴某的行为违反了《新时代中小学教师职业行为十项准则》第四项规定。根据《中小学教师违反职业道德行为处理办法（2018年修订）》等相关规定，给予吴某责令检查、全县教体系统通报批评、取消两年内评奖评优资格的处理。对学校校长在全县教体系统进行通报批评。"

---

① 《教育部曝光八起违反教师职业行为十项准则典型案例》，载人民资讯百家号2021年11月30日，https://baijiahao.baidu.com/s?id=1717818865357722777&wfr=spider&for=pc。

要点提示

教师享有教育、管理学生的职权，在符合法定条件的情况下还可以当场实施教育惩戒。但未成年人受到国家法律的特殊保护，所以每位教师都要认真学习、熟练掌握管理教育学生的边界，知道哪些做法是合法的，哪些做法是违法的。教师在法律限度内管理教育学生，不仅保护了学生的合法权利，更是对自身最好的保护。

扩展解读

教师可以依法对学生进行教育惩戒，但是要按照一定的原则和要求，即应当符合教育规律，注重育人效果；遵循法治原则，做到客观公正；选择适当措施，与学生过错程度相适应。而且，教师还要明白教育、管理学生存在边界，不能为所欲为。

第一，教师可以依法对学生进行教育惩戒。

于2021年3月1日正式实施的《中小学教育惩戒规则（试行）》为保障和规范学校、教师依法履行教育教学和管理职责，保护学生合法权益提供了重要依据，自此，教师可以依法对学生进行教育惩戒。该规则第2条第2款规定，教育惩戒是指学校、教师基于教育目的，对违规违纪学生进行管理、训导或者以规定方式予以矫治，促使学生引以为戒、认识和改正错误的教育行为。由此可以看出，教师有权对学生进行教育惩戒，但是需在法律框架内实施，而且其出发点和落脚点都不是为了惩戒而惩戒，而是应该出于教育学生的目的。

第二，教师教育、管理学生存在边界。

虽然教师享有教育、管理学生的权利，但是这些权利也存在边界，教师一旦超过红线，将有可能受到惩罚。教师在实施惩戒时，严禁侵害学生权利：一是不得实施体罚、变相体罚以及其他侮辱人权尊严的行为，如以击打、刺扎等方式直接造成身体痛苦的体罚；二是不得实施超过正常限度的罚站、反复抄写，强制做不适的动作或者姿势，以及刻意孤立等间接伤害身体、心理的变相体罚；三是不得辱骂或者以歧视性、侮辱性的言行侵犯学生人格尊严；四是不得因某个人或者少数人的违规违纪行为而惩罚全体学生，教育惩戒的对象是违反校规校纪的学生，没有违反校规校纪的学生不应受到惩戒；五是不得因学业成绩而教育惩戒学生，学生的学习成绩有好有坏，即使教师出于提升学生学习成绩的良好心愿也只能采取其他方式，不得对其进行惩戒；六是不得因个人情绪、好恶实施或者选择性实施教育惩戒，教师的这些行为违背了矫治、教育学生的初衷；七是不得指派学生对其他学生实施教育惩戒，只有教师才能成为教育惩戒的实施主体，任何学生都无权对其他学生进行惩戒；八是其他侵害学生权利的行为。

在对学生进行教育惩戒时，很多教师都会有意识地避免出现上述行为。但是，有些教师却在言行上失范，混淆了与学生的公私边界，从而受到处罚。在上述案例中，吴某给学生上网课时，看到学生以“肖某糊了”的网名登录，吴某非常生气，称自己非常欣赏肖某，并质问该学生在自己面前还这样“是不是不想混了”，产生了较坏影响。后来，吴某在全县教体系统被通报批评，并被取消两年内评奖评优资格。

相关规定

《教师法》

第七条　教师享有下列权利：

（一）进行教育教学活动，开展教育教学改革和实验；

（二）从事科学研究、学术交流，参加专业的学术团体，在学术活动中充分发表意见；

（三）指导学生的学习和发展，评定学生的品行和学业成绩；

（四）按时获取工资报酬，享受国家规定的福利待遇以及寒暑假期的带薪休假；

（五）对学校教育教学、管理工作和教育行政部门的工作提出意见和建议，通过教职工代表大会或者其他形式，参与学校的民主管理；

（六）参加进修或者其他方式的培训。

第八条　教师应当履行下列义务：

（一）遵守宪法、法律和职业道德，为人师表；

（二）贯彻国家的教育方针，遵守规章制度，执行学校的教学计划，履行教师聘约，完成教育教学工作任务；

（三）对学生进行宪法所确定的基本原则的教育和爱国主义、民族团结的教育，法制教育以及思想品德、文化、科学技术教育，组织、带领学生开展有益的社会活动；

（四）关心、爱护全体学生，尊重学生人格，促进学生在品德、智力、体质等方面全面发展；

（五）制止有害于学生的行为或者其他侵犯学生合法权益的行为，批评和抵制有害于学生健康成长的现象；

（六）不断提高思想政治觉悟和教育教学业务水平。

《中小学教育惩戒规则（试行）》

第三条 学校、教师应当遵循教育规律，依法履行职责，通过积极管教和教育惩戒的实施，及时纠正学生错误言行，培养学生的规则意识、责任意识。

教育行政部门应当支持、指导、监督学校及其教师依法依规实施教育惩戒。

第十二条 教师在教育教学管理、实施教育惩戒过程中，不得有下列行为：

（一）以击打、刺扎等方式直接造成身体痛苦的体罚；

（二）超过正常限度的罚站、反复抄写，强制做不适的动作或者姿势，以及刻意孤立等间接伤害身体、心理的变相体罚；

（三）辱骂或者以歧视性、侮辱性的言行侵犯学生人格尊严；

（四）因个人或者少数人违规违纪行为而惩罚全体学生；

（五）因学业成绩而教育惩戒学生；

（六）因个人情绪、好恶实施或者选择性实施教育惩戒；

（七）指派学生对其他学生实施教育惩戒；

（八）其他侵害学生权利的。

《民法典》

第一百三十二条 民事主体不得滥用民事权利损害国家利益、社会公共利益或者他人合法权益。

3 教师享有申诉权

典型案例

女教师评职称申诉被拒后起诉教育局[①]

2021年1月20日，中国新闻周刊等媒体报道，河南焦作第十七中学的姚老师曾曝光学校评职称有黑幕，山阳区教育局调查结果显示，未发现评审过程中有违纪违规行为。姚老师在调查结果发布后，向教育局提交教师申诉书，但等待三十日后依然无果。在个人申诉被拒后，姚老师将教育局告上法庭，当地法院于1月18日受理此案。

要点提示

《教师法》规定了教师对学校或者其他教育机构侵犯其合法权益的，或者对学校或者其他教育机构作出的处理不服的，可以向教育行政部门提出申诉，教育行政部门应当在接到申诉的三十日内，作出处理。另外，教师认为当地人民政府有关行政部门侵犯了其依法应当享有的权利，可以向同级人民政府或者上一级人民政府有关部门提出申诉，同级人民政府或者上一级人民政府有关部门应当作出处理。

---

① 《“有黑幕”？女教师评职称申诉被拒后起诉教育局，法院受理此案》，载中国新闻周刊2021年1月21日，北晚新视觉转载https://www.takefoto.cn/viewnews-2389465.html。

扩展解读

与学生一样，教师同样具有陈述、申辩的权利，有权依据法定程序提出申诉。

第一，教师具有陈述、申辩的权利。

程序正义是实体正义的重要保障，根据我国《宪法》规定，任何公民都有申诉、控告或者检举的权利；对于公民的申诉、控告或者检举，有关国家机关必须查清事实，负责处理。任何人不得压制和打击报复。当教师认为自身权益受到侵犯时，同样具有陈述、申辩的权利。在上述案件中，姚老师认为学校评职称有黑幕，因此她向当地教育局反映了这一问题，当地教育局进行了调查。但是，姚老师对教育局的调查结论不服，因此又向教育局提交教师申诉书，依法提出申诉。

第二，教师可以依程序提出申诉。

《教师法》对教师可以申诉的具体程序作出了规定，该法第39条规定，教师向教育行政部门提出申诉后，教育行政部门应当在接到申诉的三十日内，作出处理。此外，如果教师认为当地人民政府有关行政部门侵犯其根据该法规定享有的权利，还可以向同级人民政府或者上一级人民政府有关部门提出申诉，同级人民政府或者上一级人民政府有关部门应当作出处理。当然，司法是维护社会公平正义的最后一道防线，教师还可以依法到人民法院提起诉讼。上述案例中，姚老师向当地教育局提交申诉书以后，等待三十日后依然没有任何回复。于是，姚老师依法到人民法院提起行政诉讼，人民法院已经受理该案。不论结果如何，姚老师的申诉权和诉权均受到尊重和保障。

相关规定

《教师法》

第三十六条　对依法提出申诉、控告、检举的教师进行打击报复的，由其所在单位或者上级机关责令改正；情节严重的，可以根据具体情况给予行政处分。

国家工作人员对教师打击报复构成犯罪的，依照刑法有关规定追究刑事责任。

第三十九条　教师对学校或者其他教育机构侵犯其合法权益的，或者对学校或者其他教育机构作出的处理不服的，可以向教育行政部门提出申诉，教育行政部门应当在接到申诉的三十日内，作出处理。

教师认为当地人民政府有关行政部门侵犯其根据本法规定享有的权利的，可以向同级人民政府或者上一级人民政府有关部门提出申诉，同级人民政府或者上一级人民政府有关部门应当作出处理。

《事业单位工作人员处分暂行规定》

第三十九条　受到处分的事业单位工作人员对处分决定不服的，可以自知道或者应当知道该处分决定之日起三十日内向原处分决定单位申请复核。对复核结果不服的，可以自接到复核决定之日起三十日内，按照规定向原处分决定单位的主管部门或者同级事业单位人事综合管理部门提出申诉。

受到处分的中央和地方直属事业单位工作人员的申诉，按照干部人事管理权限，由同级事业单位人事综合管理部门受理。

第四十条 原处分决定单位应当自接到复核申请后的三十日内作出复核决定。受理申诉的单位应当自受理之日起六十日内作出处理决定；案情复杂的，可以适当延长，但是延长期限最多不超过三十日。

复核、申诉期间不停止处分的执行。

事业单位工作人员不因提出复核、申诉而被加重处分。

4 教师依法履职应该受到学校的保护

典型案例

如果教师正常履行工作职责，则其不应当承担法律责任，人民法院会依法驳回学生及其家长的起诉。

梁某与徐州市某中学教育机构责任纠纷案[①]

梁某某系徐州市某中学初中三年级在校学生。2019年11月19日梁某某的班主任邱某某通知其监护人梁某，告知梁某某因上课吃零食及化妆问题被要求下午停课，梁某到校后经与老师沟通，当天下午梁某某仍然继续上课。此后不久，班级进行座位调整，梁某某被调整到教室后排。2020年8月6日，梁某某被某职业技术学校影视动漫专业录取。梁某某的家长认为，邱某某没有遵循教育规律采取教育惩戒措施，损害学生身心健康发

① 江苏省徐州市中级人民法院（2021）苏03民终2016号民事判决书，载中国裁判文书网。

展，造成了梁某某成绩下降，考试升学受到影响的不利后果和经济损失。因此，梁某某到人民法院提起诉讼，要求学校承担经济损失9.84万元。

一审法院经审理认为，班主任老师因梁某某吃零食要求家长到校并要求其下午停课，或将其座位调整到教室后排，并未使其人身遭受损害。故梁某某主张徐州市某中学因此承担教育机构责任无事实依据，不予支持，驳回了梁某某的诉讼。后梁某某提起上诉，二审法院维持了原判。

要点提示

学校应当支持、监督教师正当履行职务。教师因教育管理、实施教育惩戒与学生及其家长发生纠纷，学校应当及时进行处理，教师无过错的，不得因教师实施教育管理或者教育惩戒而给予其处分或者其他不利处理。

扩展解读

教师有权依法正当履行自身工作职责，如果教师无过错，不应受到处罚。当然，教师还要与家长及时沟通情况，避免出现家校纠纷。

第一，教师有权依法正当履职，并积极与学生家长进行沟通。《教师法》规定了教师享有的权利，《中小学教育惩戒规则（试行）》又规定教师对学生具有教育惩戒权，对违规违纪情节较为轻微的学生，可以当场实施点名批评，责令赔礼道歉、做口头或者书面检讨，适当增加额外的教学或者班级公益服务任务，一节课堂教学时间内的教室内站立，课后教导以及学校校规校纪或者班规、班级公约规定的其他适当措施。这些都是教师依法享有的教育、管理学生的权利。当然，教师还应当重视家校协作，积极与家长沟通，使家长理解、支持和配合实施教育惩戒，形成合力。在上述案件中，班主任邱某某在对学生梁某某的吃零食、化妆等行为进行教育惩戒时，已经与家长进行了沟通，但遗憾的是，没有得到家长的理解，更没有形成教育学生的合力。

第二，教师无过错的，不应受到处分或者其他不利处理。

虽然教师对学生有教育惩戒权，但是学校不得对教师放任不管，学校、教育行政部门还要对教师进行管理，监督教师正当履行职务。《中小学生教育惩戒规则（试行）》明确规定，教师因实施教育惩戒与学生及其家长发生纠纷，学校应当及时进行处理，教师无过错的，不得因教师实施教育惩戒而给予其处分或者其他不利处理。如果家长威胁、侮辱、伤害教师的，学校、教育行政部门应当依法保护教师人身安全、维护教师合法权益；情形严重的，应当及时向公安机关报告并配合公安机关、司法机关追究责任。这些都让教师正确履行职责有了底气，对教师的工作提供了支持。

相关规定

《教师法》

第三十五条 侮辱、殴打教师的，根据不同情况，分别给予行政处分或者行政处罚；造成损害的，责令赔偿损失；情节严重，构成犯罪的，依法追究刑事责任。

《中小学教育惩戒规则（试行）》

第八条　教师在课堂教学、日常管理中，对违规违纪情节较为轻微的学生，可以当场实施以下教育惩戒：

（一）点名批评；

（二）责令赔礼道歉、做口头或者书面检讨；

（三）适当增加额外的教学或者班级公益服务任务；

（四）一节课堂教学时间内的教室内站立；

（五）课后教导；

（六）学校校规校纪或者班规、班级公约规定的其他适当措施。

教师对学生实施前款措施后，可以以适当方式告知学生家长。

第十五条　学校应当支持、监督教师正当履行职务。教师因实施教育惩戒与学生及其家长发生纠纷，学校应当及时进行处理，教师无过错的，不得因教师实施教育惩戒而给予其处分或者其他不利处理。

教师违反本规则第十二条，情节轻微的，学校应当予以批评教育；情节严重的，应当暂停履行职责或者依法依规给予处分；给学生身心造成伤害，构成违法犯罪的，由公安机关依法处理。

第十六条　学校、教师应当重视家校协作，积极与家长沟通，使家长理解、支持和配合实施教育惩戒，形成合力。家长应当履行对子女的教育职责，尊重教师的教育权利，配合教师、学校对违规违纪学生进行管教。

家长对教师实施的教育惩戒有异议或者认为教师行为违反本规则第十二条规定的，可以向学校或者主管教育行政部门投诉、举报。学校、教育行政部门应当按照师德师风建设管理的有关要求，及时予以调查、处理。家长威胁、侮辱、伤害教师的，学校、教育行政部门应当依法保护教师人身安全、维护教师合法权益；情形严重的，应当及时向公安机关报告并配合公安机关、司法机关追究责任。

5 教师依法履职应该受到政府及司法机关的保护

典型案例

有的家长对学校或老师提出过分要求，甚至不惜伪造证据，利用网络“生事”，受到了法律的严惩，教师的合法权益得到了有效保障。

孩子被罚跑，家长造谣获刑、教师体罚不当受处分[①]

据《中国教育报》报道，2020年5月，广州某小学一年级学生家长刘某在网上发帖投诉“小学老师体罚哮喘学生至吐血抢救”，声称班主任在明知孩子患有哮喘的情况下，仍对其进行了罚跑操场10圈的体罚，之后孩子大量吐血并留下手抖等后遗症，此前该班主任还曾索要6万元“照顾费”，而家长却投诉无门。此事引起巨大的舆论关注，随后警方介入调查。

公安机关调查显示，2019年12月10日，该班主任因学生违反管理纪律，以班规为由，让刘某女儿等五名违纪学生绕操场

① 《孩子被罚跑，家长造谣获刑、教师体罚不当受处分，专家解读教育惩戒六要点》，载《中国教育报》微信公众号2021年7月7日，https://mp.weixin.qq.com/s/Vv7zs-t3WBCMrHkI2gYhNQ。

跑10圈，视频监控显示，刘某女儿在32分钟内，跑跑走走停停共完成了9圈，其后在课堂上及当日被家长接走时均无异样。12月12日，学校暂停该老师班主任职务，并进行了全校通报批评、免去其品德学科组长职务等处理。但是据公安机关调查，涉事家长刘某发帖中所述学生遭体罚吐血、凌晨2时被老师威胁殴打、送老师6万元等情节均系编造，有血印的衣服照片也系用化妆品和水伪造。此外，刘某无法向警方提供其女儿哮喘诊断的有关病历证明，警方调查更是找到了刘某通过网络平台雇佣水军“运作”这一事件的直接证据。最后，造谣家长刘某以寻衅滋事罪被判处有期徒刑一年六个月，缓刑二年。

要点提示

学生家长以学生伤害事故或者其他权益受到侵害等为理由，要求学校及教师承担责任，但并不依法维权，而是以到学校大吵大闹相威胁，甚至公然威胁、侮辱教师的，学校应当及时联系教育行政部门、公安机关进行处理。对涉及“校闹”的违法犯罪行为，司法机关应该严厉打击。

扩展解读

教师依法履行职责应当受到学校、政府和司法机关的保护。学生家属或者其他校外人员的“校闹”行为严重破坏了正常的教育教学秩序，公安机关要依法严厉打击。如果出现教师被冤枉的情况，学校、教育行政部门和公安机关等要依法调查，及时还教师清白。

第一，国家严厉打击“校闹”行为。

学生及其家长认为教师侵犯了学生合法权益的，可以依法向学校或者主管教育行政部门投诉、举报。学校、教育行政部门应当按照师德师风建设管理的有关要求，及时予以调查、处理。但是，学生家属及其他校外人员不得实施围堵学校、在校园内非法聚集、聚众闹事等扰乱学校教育教学和管理秩序，这些都是侵犯学校和师生合法权益等“校闹”行为，国家将进行严厉打击，以有效维护学校正常的教育教学秩序。因此，发生“校闹”行为后，学校应当立即报警，在公安机关到达前，学校保卫部门可依法采取必要的措施，阻止相关人员进入教育教学区域，防止其干扰教育教学活动，保护师生安全。

第二，教师的合法权益受到侵害时，学校、教育行政部门和司法机关应当及时维护教师权益。

教师的人身权应当受到依法保障，《中小学教育惩戒规则（试行）》规定，家长威胁、侮辱、伤害教师的，学校、教育行政部门应当依法保护教师人身安全、维护教师合法权益；情形严重的，应当及时向公安机关报告并配合公安机关、司法机关追究责任。在上述案例中，家长刘某在网上以“小学老师体罚哮喘学生至吐血抢救”为噱头博取眼球，引发了社会关注。但是，经公安机关调查，涉事家长刘某发帖中所述学生遭体罚吐血、凌晨2时被老师威胁殴打、送老师6万元等情节均系编造，有血印的衣服照片也系用化妆品和水伪造。因此，刘某最后以寻衅滋事罪被判处有期徒刑一年六个月，缓刑二年。

相关规定

《刑法》

第二百九十三条　有下列寻衅滋事行为之一，破坏社会秩序的，处五年以下有期徒刑、拘役或者管制：

（一）随意殴打他人，情节恶劣的；

（二）追逐、拦截、辱骂、恐吓他人，情节恶劣的；

（三）强拿硬要或者任意损毁、占用公私财物，情节严重的；

（四）在公共场所起哄闹事，造成公共场所秩序严重混乱的。

纠集他人多次实施前款行为，严重破坏社会秩序的，处五年以上十年以下有期徒刑，可以并处罚金。

《中小学教育惩戒规则（试行）》

第十六条第二款　家长对教师实施的教育惩戒有异议或者认为教师行为违反本规则第十二条规定的，可以向学校或者主管教育行政部门投诉、举报。学校、教育行政部门应当按照师德师风建设管理的有关要求，及时予以调查、处理。家长威胁、侮辱、伤害教师的，学校、教育行政部门应当依法保护教师人身安全、维护教师合法权益；情形严重的，应当及时向公安机关报告并配合公安机关、司法机关追究责任。

《教育部等五部门关于完善安全事故处理机制维护学校教育教学秩序的意见》

9.及时制止“校闹”行为。学校安全事故处置过程中，如发生家属及其他校外人员实施围堵学校、在校园内非法聚集、聚众闹事等扰乱学校教育教学和管理秩序，侵犯学校和师生合法权益等“校闹”行为的，学校应当立即向所在地公安机关报案，提供当事方人数、具体行为、有无人员受伤等现场情况，并保护好现场，配合公安机关做好调查取证等工作。公安机关到达前，学校保卫部门可依法采取必要的措施，阻止相关人员进入教育教学区域，防止其干扰教育教学活动。公安机关接到报案后应当立即组织警力赶赴现场，维持现场秩序，控制事态，协助有关部门进行疏导劝阻，防止事态扩大。对现场发生的违法犯罪行为，要坚决果断制止，对涉嫌违法犯罪人员依法查处。

第二章

对教师保护学生权利的基本要求

《民法典》除规定要对每个公民的民事权利加以保护外，还强调了对未成年人民事权利的特殊保护。《未成年人保护法》在“学校保护”一章专门对保护学生基本权利作出了规定。《未成年人学校保护规定》对此进行了更加具体细化的规定，明确了加强对学生享有的平等权、人格权、财产权、受教育权、休息权、知识产权、参与权与表达权等方面的保护，其中，教师应当重点掌握十一个方面的内容。

1 教师应当平等地尊重和保护每个学生

典型案例

天津教师肖某某歧视学生事件曾引发社会热议，应引起教师的警醒[①]

据《法治日报》等报道，2021年5月13日，教育部公开曝光了8起违反教师职业行为十项准则的典型案例，天津市津南区咸水沽第二中学原教师肖某某歧视学生事件引发社会广泛关注。"你妈妈一个月挣多少钱呢？别怪我瞧不起你，某某的妈妈一年挣的钱比你妈妈50年挣得都多！"2021年2月，肖某某被曝光在课堂上歧视学生，公开对比学生家长收入，多次对学生进行言语侮辱。事后，天津市津南区教育局给予肖某某党内严重警告处分，降低岗位等级处理并调离岗位；撤销其教师资格，收缴教师资格证书，将其列入教师资格限制库，5年内不得重新取得教师资格；对学校主要负责人进行问责，给予其党内警告处分。

---

① 《课堂上歧视学生诱导学生有偿补课教育部公开曝光8起师德违规案例坚决遏制教育领域不正之风》，载《法治日报》法治网2021年5月13日，http://www.legaldaily.com.cn/index/content/2021-05/13/content_8503920.htm。

要点提示

教师应当平等对待每个学生，不得因学生及其父母或者其他监护人的民族、种族、性别、户籍、职业、宗教信仰、教育程度、家庭状况、身心健康情况等歧视学生或者对学生进行区别对待。对家庭困难、身心有障碍的学生，教师应当提供关爱；对行为异常、学习有困难的学生，教师应当耐心帮助。

扩展解读

平等尊重保护学生是新时代未成年人保护事业的基本要求。《义务教育法》规定，教师在教育教学中应当平等对待学生，关注学生的个体差异，因材施教，促进学生的充分发展。《未成年人保护法》《未成年人学校保护规定》也强调了平等尊重保护学生的原则，并进一步提出了两个方面的要求，教师要重点关注。

第一，教师不得因学生及其父母或者其他监护人的民族、种族、性别、户籍、职业、宗教信仰、教育程度、家庭状况、身心健康情况等歧视学生或者对学生进行区别对待。

非歧视原则是联合国《儿童权利公约》确立的儿童保护基本原则，也是我国《宪法》规定的儿童享有的基本权利。从现实来看，教师因民族、种族、宗教信仰歧视学生的情况较少，但是，有些教师会因为学生的性别、学习成绩、家庭状况、身心健康状况等而出现区别对待的情况。比如，有的男生太调皮、不服从管理或者有的女生太过于内向，一些教师会因此偏向于某一性别的学生；有些教师可能会因为和某些同学关系好而打压另一些同学；一些教师可能会歧视外地户籍或者农村户籍的学生；有的学生可能会因家长的职业不同而受到教师的区别对待；来自单亲家庭或者离异家庭等家庭状况特殊的学生以及身体或者心理存在缺陷的学生可能受到教师歧视等。上述一些区别对待可能是教师有意识的行为，也有可能是教师无意之中流露出的歧视或者偏见，这些都有可能对学生的心理造成不良影响。

上述天津市津南区咸水沽第二中学原教师肖某某歧视学生的言行极其恶劣。作为教书育人的“人类灵魂工程师”，肖某某在课堂上公然攻击家长的职业和收入，并将家庭收入作为评判学生好坏的指标之一，给学生造成了巨大的心理压力，严重影响了教师的崇高形象，理应受到严肃处理。教师要在工作中平等对待、尊重保护每个学生，不能以任何原因歧视学生，对学生不能区别对待、厚此薄彼。

第二，对家庭困难、身心有障碍的学生，教师应当提供关爱；对行为异常、学习有困难的学生，教师应当耐心帮助。

家庭困难、身心有障碍、行为异常、学习有困难的学生情况较为特殊，教师必须给予更多的关爱和帮助，才能让他们正常学习，融入学校，融入社会。《未成年人保护法》第29条第1款对此进行了特别要求。因此，教师要在学习和生活上关爱家庭困难、身心有障碍的学生，通过家访等了解家庭情况和学生情况，并有针对性地开展帮扶工作。

对于家庭困难的学生，学校和教师要积极对接学生所在居委会或者村委会以及政府相关部门等，加强扶贫支持力度，认真落实“两不愁三保障”（吃不愁，穿不愁，上学有保障，住房有保障，看病有保障）的扶贫要求，并积极向教育主管部门申请，对学生相关费用给予减免，保障学生买得起书本、上得起学。

对于身心有障碍的学生，普通学校应当接收具有接受普通教育能力的残疾适龄儿童、少年随班就读，并为其学习、康复提供帮助，教师要创设有利于残疾学生和普通学生共同学习成长的良好课堂环境；如果不能与正常学生一起学习，教师要配合学校积极向教育主管部门申请，帮助其联系转往特殊学校上学或者提供送教上门服务等。

另外，教师还要耐心帮助行为异常、学习有困难的学生。家庭发生重大变故致使原有生活秩序和习惯被打乱、患有精神疾病等，都会造成学生行为异常。对于家庭发生变故的学生，学校、教师要及时与该学生及其家长沟通交流，了解基本情况，及时为其提供心理辅导并给予必要的帮助，协助其恢复正常的学习生活，必要时去正规医疗机构进行治疗。对于学习有困难的学生，教师要主动开展家访，帮助他们纠正错误方法和习惯，以提升他们的学习能力和信心。

相关规定

《义务教育法》

第十九条　县级以上地方人民政府根据需要设置相应的实施特殊教育的学校（班），对视力残疾、听力语言残疾和智力残疾的适龄儿童、少年实施义务教育。特殊教育学校（班）应当具备适应残疾儿童、少年学习、康复、生活特点的场所和设施。

普通学校应当接收具有接受普通教育能力的残疾适龄儿童、少年随班就读，并为其学习、康复提供帮助。

第二十九条第一款 教师在教育教学中应当平等对待学生，关注学生的个体差异，因材施教，促进学生的充分发展。

《未成年人保护法》

第二十九条第一款 学校应当关心、爱护未成年学生，不得因家庭、身体、心理、学习能力等情况歧视学生。对家庭困难、身心有障碍的学生，应当提供关爱；对行为异常、学习有困难的学生，应当耐心帮助。

《未成年人学校保护规定》

第六条 学校应当平等对待每个学生，不得因学生及其父母或者其他监护人（以下统称家长）的民族、种族、性别、户籍、职业、宗教信仰、教育程度、家庭状况、身心健康情况等歧视学生或者对学生进行区别对待。

2 教师应当尊重和保障学生人身自由的权利

典型案例

中小学课间十分钟普遍“静悄悄”，超六成学生希望能出去玩①

《新京报》2021年6月15日报道，曾经童年的课间时光是这样的场景：同学们三三两两围成一团，有的踢毽子，有的跳绳，有的扔沙包，有的弹玻璃珠，直到上课铃响才气喘吁吁、依依不舍地回到教室……然而，中小学课间十分钟逐渐变得“静悄

① 《课间10分钟如何不再静悄悄？》，载《新京报》电子报2021年6月15日，http://epaper.bjnews.com.cn/html/2021-06/15/content_804442.htm?div=-1。

悄”，孩子们只有喝水、上厕所才被允许离开教室。

“静悄悄”的课间十分钟现象由来已久。2019年，中国青年报社社会调查中心联合问卷网对1908名中小学生家长进行的一项调查显示，77.2%的受访家长称身边中小学“安静的课间十分钟”现象普遍。

要点提示

不得对学生在课间及其他非教学时间的正当交流、游戏、出教室活动等言行自由设置不必要的约束。

扩展解读

人身自由是人的基本权利，我国《宪法》和《民法典》明确规定依法保障公民的人身自由。学生作为自然人，当然享有人身自由的权利。一方面，学生享有人身自由不等同于完全自由、不受约束，学生在校期间要服从学校和老师的教育管理。另一方面，在学校学习生活期间，学生的人身自由仍应该得到保障，不能受到随意的限制；在必要管理限度之外，学生应当享有正常的言行自由，教师也应当尊重和保障学生的人身自由。

然而，现实中学校和老师不尊重学生人身自由、不依法给予保障的现象非常普遍。许多家长反映，很多学校和老师不允许学生在课间休息时外出玩耍，甚至不允许学生课间在教室大声说话、疾走，学生只能待在教室里、坐在座位上，课间安静得像上课一样。2019年5月，中国青年报社社会调查中心联合问卷网专门就此对学生家长进行了调查。在1908名接受调查的中小学生家长中，有77.2%的家长称身边中小学“安静的课间十分钟”现象普遍，且在小学中最为突出。[①]要改变这一现象，64.7%的受访家长希望教师不拖堂、不变相占用课间时间，60.6%的受访家长期待相关部门出台指导意见，督促学校改进。

医学实验证明，久坐不运动对人的身体健康有严重不良影响，长期伏案不运动不仅会导致学生肥胖，心脑血管、颈椎腰椎出现健康问题，还会造成其视力下降，从而影响学生的健康发育。2020年5月25日，全国政协委员、民盟中央副主席程红在政协大会发言时指出，我国儿童青少年体质健康主要指标连续20多年下降，33%的儿童青少年存在不同程度健康隐患，“小眼镜”“小胖墩”“小糖人”等情况突出。我国缺乏科学系统的健康教育体质监测和干预体系，每天锻炼一小时的学生不足30%。[②]

在教学活动中设置课间休息时间，能够让学生劳逸结合，提升学生学习能力，是科学且必要的。因此，教师应当尊重学生的言行自由，在课堂学习过程中对学生进行必要的秩序管理，在课间休息时加强巡视，保障学生安全。一方面，要自觉保障学生的人身自由，提醒长期静坐的学生到室外适当活动以缓解学习疲劳，或者向远处眺望以预防近视，为学生进行自由交流、玩耍、游戏等提供更加宽松的环境；另一方面，要积极避免学生伤害事件的发生，安排教师进行巡视，及时发现并制止学生的危险行为，有效促进学生朝气蓬勃地发展和健康快乐地成长。

① 《可否将课间十分钟还给孩子》，载《中国青年报》2019年5月30日，http://zqb.cyol.com/html/2019-05/30/nbs.D110000zgqnb_08.htm。

② 《程红委员：构建全国儿童青少年体质健康大数据平台》，载《北京日报》客户端2020年5月25日，http://ie.bjd.com.cn/5b165687a010550e5ddc0e6a/contentApp/5b16573ae4b02a9fe2d558f9/AP5ecb2656e4b0be621cbdf008.html。

相关规定

《宪法》

第三十七条 中华人民共和国公民的人身自由不受侵犯。

任何公民，非经人民检察院批准或者决定或者人民法院决定，并由公安机关执行，不受逮捕。

禁止非法拘禁和以其他方法非法剥夺或者限制公民的人身自由，禁止非法搜查公民的身体。

《民法典》

第一百零九条 自然人的人身自由、人格尊严受法律保护。

《未成年人学校保护规定》

第八条 学校不得设置侵犯学生人身自由的管理措施，不得对学生在课间及其他非教学时间的正当交流、游戏、出教室活动等言行自由设置不必要的约束。

3 教师应当尊重和保护学生的人格尊严

典型案例

陕西初一女生因成绩差而遭老师辱骂孤立[①]

据陕西电视台都市热线栏目报道，初中一年级学生婷婷（化

① 《陕西初一女生遭老师辱骂，“全面调查、从严处理”》，载环球网百家号2019年7月14日，https://baijiahao.baidu.com/s?id=1638961097754610789&wfr=spider&for=pc。

名），于半年前转入商洛市某学校学习。但班主任王某因嫌婷婷成绩不好，频繁使用侮辱性语言辱骂该女孩。持续一段时间后，婷婷无法忍受，遂将此事告知家人。起初婷婷的家人并不相信。从6月14日至7月5日，婷婷断断续续录下100多条录音，总时长超过20小时。录音显示，班主任王某脏话连篇——“下学期你不要来了，你要来了，我把你捏死在教室里”“你贱不贱，你自己丢不丢人，你像个死人一样坐在教室里”……其中一段录音显示，王某问道：“咱班同学谁贱？”没有得到回应，几秒钟后，他又喊道：“谁贱？”多人一起高喊婷婷的名字。经媒体报道后，商洛市教育局要求迅速调查，从严从快处理；针对被欺凌的孩子婷婷，市教育局已安排工作人员多方面做工作，疏导孩子的心理并解决好孩子秋季上学问题。

要点提示

教师应当尊重学生名誉，保护和培育学生的荣誉感、责任感，在教育、管理中不得使用任何贬损、侮辱学生及其家长或者所属特定群体的言行、方式。

扩展解读

人格权是人身权中最重要的权利之一，是自然人作为民事主体所享有的不受侵犯的重要民事权利。《宪法》规定，我国公民的人格尊严不受侵犯，禁止用任何方法对公民进行侮辱、诽谤和诬告陷害。《民法典》进一步规定自然人的人格尊严受法律保护。而《未成年人保护法》《未成年人学校保护规定》也明确了未成年人的人格尊严应当得到保护。因此，教师在教育教学过程中，应当尊重保护学生的人格权利。

第一，教师应当培育学生的荣誉感、责任感。

荣誉感和责任感能够激发学生积极拼搏、勇敢向上的精神，教师要加大力度提升学生的荣誉感和责任感。一是要培育积极向上、奋发图强的学习氛围。着力引导学生树立敢争、敢竞、敢比、敢拼的竞争意识；同时号召学生要勇于和善于抢时间、挖潜力、补短板、晒优点。二是要立章建制，让制度规范行为。鼓励学生在法律政策框架内参与校规校纪、班规班纪的讨论，让学生成为学法用法的践行者和制度的制定者，有利于学生在自律中培养自己的责任心和使命感。三是要发动和培育骨干学生成为得力助手。努力培养那些有意愿、有能力为集体服务，而且品行佳、能力强、民望高的学生，选任他们作为学生干部，不断提高他们的管理水平，充分发挥其领头羊、排头兵的作用。

第二，教师应当尊重学生名誉，在教育、管理中不得使用任何贬损、侮辱学生及其家长或者所属特定群体的言行、方式。

名誉是对民事主体的品德、声望、才能、信用等的社会评价。学生作为民事主体，名誉权受法律保护。未成年人处于身心发育的特殊阶段，其年龄、智力、身体力量相对成年人来说处于弱势地位，心智尚未发育健全，教师以及其他人员忽视或者侵犯其人格尊严，比如对其实施体罚、侮辱性言语等，都会严重地影响其心理健康，甚至导致极端事件的发生。2020年10月，江苏泰州第三高中一名不满十七岁的高中学生自杀身亡，其曾在学校表白墙上说，“如果我真的死了，是高二某班班主任焦某活活把我逼死的”，并在遗书中表明曾受到班主任的辱骂。[1]虽然该事件的发生可能掺杂多种因素，但是老师的侮辱性言语可能也是导致其自杀的重要原因之一。因此，在学生保护工作中，老师要特别注意尊重未成年人的人格尊严。

在教育教学实践中，少数教师在教育管理时放任情绪宣泄，因为一些小事就大发雷霆，当众随意辱骂学生及其家长。这种严重违反师德师风的行为，一方面容易造成家校关系的对立和冲突，另一方面也会造成恶劣的社会影响，损害教师队伍的整体形象。在上述案件中，班主任王某因嫌初一女生婷婷成绩不好，频繁使用侮辱性语言辱骂该女孩，甚至不让其他同学接触婷婷，"和那个傻子在一起，你们也会被传染成傻子"。[2]持续一段时间后，婷婷无法忍受，遂告知家人，此事才得以暴露。

无论在什么情况下，未成年人的人格尊严都应当受到尊重和保护，教师在履职过程中更应如此。教师在关注学生学习成绩的同时，更要努力把他们塑造成人格独立、性格坚强的人，培养成对国家、对社会有用的人。

相关规定

《宪法》

第三十八条 中华人民共和国公民的人格尊严不受侵犯。禁止用任何方法对公民进行侮辱、诽谤和诬告陷害。

---

① 《大案纪实：2020年，江苏17岁少年跳河自杀，生前留下遗书：是班主任逼死了我》，载陕西法制网－法治云播报百家号2022年2月24日，https://baijiahao.baidu.com/s?id=1725613797462624769&wfr=spider&for=pc。

② 《陕西初一女生遭老师辱骂，"全面调查、从严处理"》，载环球网百家号2019年7月14日，https://baijiahao.baidu.com/s?id=1638961097754610789&wfr=spider&for=pc。

《义务教育法》

第二十九条第二款 教师应当尊重学生的人格，不得歧视学生，不得对学生实施体罚、变相体罚或者其他侮辱人格尊严的行为，不得侵犯学生合法权益。

《未成年人保护法》

第二十七条 学校、幼儿园的教职员工应当尊重未成年人人格尊严，不得对未成年人实施体罚、变相体罚或者其他侮辱人格尊严的行为。

《预防未成年人犯罪法》

第三条 开展预防未成年人犯罪工作，应当尊重未成年人人格尊严，保护未成年人的名誉权、隐私权和个人信息等合法权益。

《未成年人学校保护规定》

第九条 学校应当尊重和保护学生的人格尊严，尊重学生名誉，保护和培育学生的荣誉感、责任感，表彰、奖励学生做到公开、公平、公正；在教育、管理中不得使用任何贬损、侮辱学生及其家长或者所属特定群体的言行、方式。

《中小学教育惩戒规则（试行）》

第十二条 教师在教育教学管理、实施教育惩戒过程中，不得有下列行为：

（一）以击打、刺扎等方式直接造成身体痛苦的体罚；

（二）超过正常限度的罚站、反复抄写，强制做不适的动作或者姿势，以及刻意孤立等间接伤害身体、心理的变相体罚；

（三）辱骂或者以歧视性、侮辱性的言行侵犯学生人格尊严；

……

4 教师应当尊重和保护学生的隐私和个人信息

典型案例

40万条学生个人信息被泄露售卖 嫌疑人中有俩老师[①]

2018年9月20日，在凉山州公安网络安全宣传周新闻通气会上，警方介绍了一起公民个人信息泄露案例。当年6月，凉山州、西昌市公安局联合侦破了一起凉山州首例、省公安厅挂牌督办案件。此案中，超过40万条学生个人信息被泄露，部分被出售牟利。此案彻底摧毁了一个教育、通信企业职工利用职务之便，非法获取公民个人信息后进行招生的地下灰色产业链条。此案共抓获涉嫌侵犯公民信息的嫌疑人16人。令人惊讶的是，其中还有两名学校的老师，利用工作之便收集学生信息进行售卖。

要点提示

教师对在工作中获得的学生及其家庭信息负有管理、保密义务，不得泄露、公开、买卖。对学生考试成绩、名次等学业信息，教师应当便利学生本人和家长知晓，但不得公开。除因法定事由，教师不得查阅学生的信件、日记、电子邮件或者其他网络通讯内容。

---

① 《40万条学生个人信息被泄露 嫌疑人中有两名老师》，载恩施网警巡查执法百家号2018年9月21日，https://baijiahao.baidu.com/s?id=1612187526325026498&wfr=spider&for=pc。

扩展解读

隐私是自然人的私人生活安宁和不愿为他人知晓的私密空间、私密活动、私密信息，个人信息是能够指明个人身份的基本信息，均依法受到保护。《民法典》明确规定保护自然人的隐私和个人信息，《儿童权利公约》也在第16条规定："儿童的隐私、家庭、住宅或通信不受任意或非法干涉，其荣誉和名誉不受非法攻击……"教师在教育管理过程中要切实尊重和保护学生的隐私和个人信息。

第一，教师对在工作中获得的学生及其家庭信息负有管理、保密义务，不得泄露、公开、买卖。

随着互联网的发展，有关个人信息滥用、数据泄露的事件时有发生，而未成年人群体属于弱势群体，其合法权益更易受到侵害，需要给予专门关注和重点保护。为此，2019年8月，国家互联网信息办公室专门发布了《儿童个人信息网络保护规定》，对在我国境内通过网络收集、存储、使用、转移、披露不满十四周岁儿童个人信息的行为进行了规范。新修订的《未成年人保护法》对未成年人群体予以特殊保护，将保护未成年人隐私权和个人信息单独列为一项，并规定任何组织或者个人不得隐匿、毁弃、非法删除未成年人的信件、日记、电子邮件或者其他网络通讯内容。尤其需要注意的是，在奖励、资助、申请贫困救助等工作中，学校可能会获取学生及其家庭的信息和隐私，这些信息更为敏感，任何教师均不得泄露。

现实中一些家长会莫名其妙地收到校外培训机构的短信或者电话推销，其中一部分就是因为某些品德不端的教师将工作中获得的学生及家庭信息出卖给了校外培训机构，对学生、家长的生活造成了一定的干扰和影响。根据规定，教师对上述信息负有管理和保密义务，一旦予以泄露或者公开，可能会受到相关的处分。如果买卖这些信息达到一定数额，还有可能构成违法犯罪。

第二，对学生考试成绩、名次等学业信息，教师应当便利学生本人和家长知晓，但不得公开。

学生及其家长当然可以了解学生的考试成绩、名次等学业信息，学校应当便利学生本人和家长知晓，但不得公开，这也是为了保护学生的尊严和人格，引导教师、家长不要把所有的关注点都放在学生的学习成绩上。学生的考试成绩和名次可以检验学生一段时间内的学习效果，但这种考核标准并不是绝对有效的，会受到考试方式、命题设计、学生心态、备考技巧等诸多因素的影响，不能全面反映学生的综合素质，也不能简单地通过考试成绩评价一个学生的整体表现。

第三，除因法定事由，教师不得查阅学生的信件、日记、电子邮件或者其他网络通讯内容。

教师应当尊重和保护学生的隐私，让他们有更多的安全感和舒适感，因此教师不能随意查阅学生的信件、日记、电子邮件或者其他网络通讯内容，而且对知晓的学生隐私和秘密也应当进行保密。但是，未成年人的心智不成熟，普遍缺乏自我保护的意识和能力，为此，《未成年人保护法》规定，在特定条件下，相关人员可以因法定事由开拆、查阅未成年人的信件、日记、电子邮件或者其他网络通讯内容：无民事行为能力未成年人的父母或者其他监护人代未成年人开拆、查阅；因国家安全或者追查刑事犯罪依法进行检查；紧急情况下为了保护未成年人本人的人身安全。因此，为了保护未成年人本人的人身安全，教师可以在紧急情况下开拆、查阅未成年人的信件、日记、电子邮件或者其他网络通讯内容，但一般会要求从严把握。

相关规定

《儿童权利公约》

第十六条 1.儿童的隐私、家庭、住宅或通信不受任意或非法干涉，其荣誉和名誉不受非法攻击。

《未成年人保护法》

第四条 保护未成年人，应当坚持最有利于未成年人的原则。处理涉及未成年人事项，应当符合下列要求：

……

（三）保护未成年人隐私权和个人信息；

……

第六十三条 任何组织或者个人不得隐匿、毁弃、非法删除未成年人的信件、日记、电子邮件或者其他网络通讯内容。

除下列情形外，任何组织或者个人不得开拆、查阅未成年人的信件、日记、电子邮件或者其他网络通讯内容：

（一）无民事行为能力未成年人的父母或者其他监护人代未成年人开拆、查阅；

（二）因国家安全或者追查刑事犯罪依法进行检查；

（三）紧急情况下为了保护未成年人本人的人身安全。

《预防未成年人犯罪法》

第三条 开展预防未成年人犯罪工作，应当尊重未成年人人格尊严，保护未成年人的名誉权、隐私权和个人信息等合法权益。

《未成年人学校保护规定》

第十条　学校采集学生个人信息，应当告知学生及其家长，并对所获得的学生及其家庭信息负有管理、保密义务，不得毁弃以及非法删除、泄露、公开、买卖。

学校在奖励、资助、申请贫困救助等工作中，不得泄露学生个人及其家庭隐私；学生的考试成绩、名次等学业信息，学校应当便利学生本人和家长知晓，但不得公开，不得宣传升学情况；除因法定事由，不得查阅学生的信件、日记、电子邮件或者其他网络通讯内容。

《儿童个人信息网络保护规定》

第三条　在中华人民共和国境内通过网络从事收集、存储、使用、转移、披露儿童个人信息等活动，适用本规定。

5　教师应当尊重和保护学生的受教育权利

典型案例

初中教师擅自修改学生报考志愿被举报[①]

《新京报》2017年7月12日报道，安徽霍山县的一位父亲张某才在网上发布了一封信，称自己儿子中考考出了700分的好成

① 《高分考生遭老师改志愿　当地教育局申请调配指标》，载《新京报》电子报2017年7月12日，http://epaper.bjnews.com.cn/html/2017-07/12/content_688109.htm?div=-1。

绩，却因为“老师擅自修改报考志愿，导致儿子仅能上职业高中”。目前，霍山县教育局已经向上级六安市教育局提交文件，申请为该考生调配一个指标，能让考生重新填报志愿，同时对霍山文峰中学进行通报批评。

要点提示

尊重和保护学生的受教育权利，保障学生平等使用教育教学设施设备、参加教育教学计划安排的各种活动，并在学业成绩和品行上获得公正评价。

扩展解读

未成年人接受国家规定的教育，既是权利，也是义务。教师要将保障学生受教育权作为一项重要工作认真履职。一方面，要尊重和保护学生的受教育权；另一方面，要保障学生平等使用教育教学设备、参加相关活动，并对学生进行公正评价。

第一，教师应当尊重和保护学生的受教育权。

受教育权是《宪法》赋予公民的基本权利，也是未成年人享有发展权和参与权的基础，教师应保障未成年学生受教育的权利，不得违反国家规定开除、变相开除未成年学生。我国实行九年义务教育制，也就是说，初中阶段之前的未成年学生都不能被学校开除。但是，对于开除高中、职业中等学校以及大学等阶段的未成年学生，我国法律并没有明确禁止，如《中等职业学校学生学籍管理办法》第30条第1款规定：“学校对于有不良行为的学生，可以视其情节和态度分别给予警告、严重警告、记过、留校察看、开除学籍等处分。”因此，学校不得开除或者变相开除义务教育阶段的未成年学生，如果要对高中、职业中等学校，以及高等学校等阶段的未成年学生进行处分，处分决定也应当与未成年学生违纪的情节和态度等相适应，并应当向学生及其父母或者其他监护人说明理由并听取申辩意见。

教师对学生填报报考志愿进行干扰，实质上也妨害了学生的受教育权。学生在填报报考志愿时，教师可以在学生有需要的情况下给予指导，但不能进行干扰，一些初中学校或教师在招生过程中利用职权干预或代替学生填报志愿，向中等职业学校索要、收受经费或实物，牟取不当利益。为此，教育部办公厅、人力资源和社会保障部办公厅于2016年4月联合印发《关于做好2016年高中阶段学校招生工作的通知》，严禁初中学校教师干预或代替学生填报志愿。

另外，学校和教师应当做好控辍保学工作，尤其要保障留守未成年人、困境未成年人、残疾未成年人接受义务教育。一是对尚未完成义务教育的辍学未成年学生进行登记并劝返复学；劝返无效的，应当及时向教育行政部门书面报告。二是建立留守学生、困境学生档案，配合政府有关部门做好关爱帮扶工作，避免学生因家庭因素失学、辍学。三是对具有接受普通教育能力、能适应校园生活的残疾未成年学生要给予更多支持和关爱，为推进融合教育贡献积极力量。

第二，教师要保障学生平等使用教育教学设施设备、参加教育教学计划安排的各种活动，并在学业成绩和品行上获得公正评价。

教师落实上述要求，既是在教育中落实平等对待学生价值导向的实践体现，又是全面保障学生受教育权的具体措施，具体可以从三个方面着手。一是学生平等享有受教育权。无论是使用教育教学设施设备，还是参加教育教学计划安排的各种活动，每个学生都应当平等使用、平等参与，而不应当受到其他因素的干扰。二是教师应当公正评价学生。学生应当适用同一评价体系，教师应当公平、公正地对学生学业成绩和品行做出评价，不能因为个人喜好，或者因为学生的家庭出身、民族、性别等而给予区别对待。三是对学习困难、行为异常的学生，应当以适当方式教育、帮助。学习困难、行为异常的学生在学习能力、实践能力或者纪律遵守等方面要落后于普通学生，这些学生应当受到更多关注和帮助。因此，教师应当结合具体情况以适当方式，对这些学生进行教育、帮助，必要时，可以通过安排教师或者专业人员课后辅导等方式给予帮助或者支持。

相关规定

《未成年人保护法》

第二十八条 学校应当保障未成年学生受教育的权利，不得违反国家规定开除、变相开除未成年学生。

学校应当对尚未完成义务教育的辍学未成年学生进行登记并劝返复学；劝返无效的，应当及时向教育行政部门书面报告。

《教育法》

第九条 中华人民共和国公民有受教育的权利和义务。

公民不分民族、种族、性别、职业、财产状况、宗教信仰等，依法享有平等的受教育机会。

《义务教育法》

第四条　凡具有中华人民共和国国籍的适龄儿童、少年，不分性别、民族、种族、家庭财产状况、宗教信仰等，依法享有平等接受义务教育的权利，并履行接受义务教育的义务。

《未成年人学校保护规定》

第十一条　学校应当尊重和保护学生的受教育权利，保障学生平等使用教育教学设施设备、参加教育教学计划安排的各种活动，并在学业成绩和品行上获得公正评价。

对身心有障碍的学生，应当提供合理便利，实施融合教育，给予特别支持；对学习困难、行为异常的学生，应当以适当方式教育、帮助，必要时，可以通过安排教师或者专业人员课后辅导等方式给予帮助或者支持。

学校应当建立留守学生、困境学生档案，配合政府有关部门做好关爱帮扶工作，避免学生因家庭因素失学、辍学。

6 教师应当尊重和保护学生的休息权利

典型案例

中高考压力过重已传导到小学，学生睡眠成问题[①]

中国网2018年12月4日报道，中高考压力过重已传导到小

① 《〈2018年中小学生减负调查报告〉出炉，中小学生减负势在必行》，载中国网2018年12月4日，http://edu.china.com.cn/2018-12/04/content_74238875.htm。

学，超六成学生参加辅导班。《2018年中小学生减负调查报告》指出，中小学生负担过重问题由来已久，被称作当代中国教育最大的“顽症”。调查发现，有近四成的家长认为孩子的学业负担重。其中，随着年级增长，反映负担重的学生比例也持续增加，尤其是在升入二年级后，直线跳升至40%左右。这在一定程度上说明，各个年级普遍存在学业负担问题，而从小学二年级开始，减负问题就已十分严峻。同时，由于学习负担过重，小学生睡眠情况也不容乐观。《报告》显示，仅有23.99%的学生可以睡到自然醒，而由闹钟或他人叫醒的学生比例高达76.01%，更严重的是，还有29.26%的学生睡眠不足8小时就被闹钟或他人叫醒。

要点提示

教师不得擅自占用学生体育锻炼等时间，要保证学生有休息、参加文娱活动和体育锻炼的机会和时间，不得统一要求学生在规定的上课时间前到校参加课程教学活动。教师不得以集体补课等形式侵占学生休息时间。

扩展解读

充分的休息，是保证未成年人健康成长的必要条件之一。中小学生的课业负担过重直接导致了未成年人的睡眠不足、缺乏娱乐和体育锻炼时间，这已经成为严重危害未成年人身心健康的重要原因之一。在国家推行“双减”政策的背景下，教师更应当尊重和保护学生的休息权利，以促进他们的身心健康发展。

第一，教师不得擅自占用学生体育锻炼等时间，要保证学生有休息、参加文娱活动和体育锻炼的机会和时间。

教师要按照要求减少中小学生学业负担，保障学生充分休息。中国教育三十人论坛发布的《2018年中小学生减负调查报告》显示，调查期间高达三成的孩子睡眠甚至不足8小时（只有约24%的学生可以睡到自然醒），四成的家长认为孩子的学业负担重。[①]针对这一痼疾，2018年年底，教育部、发展改革委等九部门发布《中小学生减负措施》，被媒体称为史上最严厉的“减负30条”，受到社会广泛关注。2021年7月，中共中央办公厅、国务院办公厅联合发布《关于进一步减轻义务教育阶段学生作业负担和校外培训负担的意见》，其中有关“全面压减作业总量和时长，减轻学生过重作业负担”“校外培训机构不得占用国家法定节假日、休息日及寒暑假期组织学科类培训”等规定较好保障了学生休息权，有利于促进学生全面发展和健康成长。因此，学校、教师必须严格落实中央政策要求，积极保证学生得到休息娱乐的权利，拥有健康的体魄和良好的心理素质。

教师也要确保学生加强体育锻炼。联合国《儿童权利公约》第31条规定，“缔约国确认儿童有权享有休息和闲暇，从事与儿童年龄相宜的游戏和娱乐活动，以及自由参加文化生活和艺术活动”；《国务院办公厅关于强化学校体育促进学生身心健康全面发展的意见》《学校体育工作条例》《幼儿园工作规程》等均规定，学校要安排中小学生、幼儿园幼儿每天锻炼一小时，不得以任何理由削减、挤占体育课时间；《学校体育工作条例》进

① 《〈2018年中小学生减负调查报告〉出炉，中小学生减负势在必行》，载中国网2018年12月4日，http://edu.china.com.cn/2018-12/04/content_74238875.htm。

一步规定，普通中小学校、农业中学、职业中学每天应当安排课间操，每周安排三次以上课外体育活动，保证学生每天有一小时体育活动的时间（含体育课）。《未成年人保护法》也有相关规定。《教育部办公厅关于进一步加强中小学生体质健康管理工作的通知》规定得更加具体，要求合理安排学生校内、校外体育活动时间，着力保障学生每天校内、校外各一小时体育活动时间。因此，教师在学校的指导下，要积极与家长互动，确保中小学生每天锻炼一小时，幼儿每日户外体育活动不得少于一小时。

第二，教师不得统一要求学生在规定的上课时间前到校参加课程教学活动。

为了促进学生德智体美劳全面健康成长，让学生有更多的时间培养和提高其他能力，教育主管部门对学生的学习时间进行了规定。《学校卫生工作条例》要求学校应当合理安排学生的学习时间。学生每日包括自习的学习时间，小学不超过六小时，中学不超过八小时。《教育部办公厅关于进一步加强中小学生睡眠管理工作的通知》规定，合理调控学生书面作业总量，指导学生充分利用自习课或课后服务时间。因此，学校或者教师不得以任何理由和方式，增加授课时间和作业量，加重学生学习负担。而教师统一要求学生在规定的上课时间前到校参加课程教学活动，违反了上述规定，明显加重了学生的学习负担，应当予以禁止。

第三，教师不得以集体补课等形式侵占学生休息时间。

一些学校的老师为了提升教学成绩，可能会利用节假日为学生补习功课，但这其实也加重了学生的学习负担。“减负30条”明确要求学校严格执行国家课程方案和课程标准，不得随意提高教学难度和加快教学进度，严禁将教师课后服务变为集体教学或者集体补课。中共中央办公厅、国务院办公厅“双减”政策更是对学生的作业时长、线上培训课时都进行了规定。新修订的《未成年人保护法》以及教育部《未成年人学校保护规定》也进一步明确禁止学校在国家法定节假日、休息日及寒暑假期间组织义务教育阶段的未成年学生集体补课，教师应当严格遵守。

相关规定

《未成年人保护法》

第三十三条第二款 学校不得占用国家法定节假日、休息日及寒暑假期，组织义务教育阶段的未成年学生集体补课，加重其学习负担。

《体育法》

第五条 国家对青年、少年、儿童的体育活动给予特别保障，增进青年、少年、儿童的身心健康。

《中共中央办公厅、国务院办公厅关于进一步减轻义务教育阶段学生作业负担和校外培训负担的意见》

二、全面压减作业总量和时长，减轻学生过重作业负担

……

四、坚持从严治理，全面规范校外培训行为

……

14.……严格执行未成年人保护法有关规定，校外培训机构不得占用国家法定节假日、休息日及寒暑假期组织学科类培训……

《中共中央、国务院关于深化教育教学改革全面提高义务教育质量的意见》

4.……各地要加强监测和督导，坚决防止学生学业负担过重。

《国务院办公厅关于强化学校体育促进学生身心健康全面发展的意见》

（二）基本原则。

坚持课堂教学与课外活动相衔接。保证课程时间，提升课堂教学效果，强化课外练习和科学锻炼指导，调动家庭、社区和社会组织的积极性，确保学生每天锻炼一小时……

《未成年人学校保护规定》

第十三条第二款 义务教育学校不得占用国家法定节假日、休息日及寒暑假，组织学生集体补课；不得以集体补课等形式侵占学生休息时间。

《学校卫生工作条例》

第十二条 学校在安排体育课以及劳动等体力活动时，应当注意女学生的生理特点，给予必要的照顾。

《学校体育工作条例》

第十条 开展课外体育活动应当从实际情况出发，因地制宜，生动活泼。

普通中小学校、农业中学、职业中学每天应当安排课间操，每周安排3次以上课外体育活动，保证学生每天有1小时体育活动的时间（含体育课）。

中等专业学校、普通高等学校除安排有体育课、劳动课的当天外，每天应当组织学生开展各种课外体育活动。

《幼儿园工作规程》

第二十三条第一款 幼儿园应当积极开展适合幼儿的体育活动，充分利用日光、空气、水等自然因素以及本地自然环境，有计划地锻炼幼儿肌体，增强身体的适应和抵抗能力。正常情况下，每日户外体育活动不得少于1小时。

《教育部关于当前加强中小学管理规范办学行为的指导意见》

二、抓住重点，认真解决好当前一些违背教育规律、影响正常教育教学秩序的突出问题

……

1.科学安排作息时间，切实减轻学生过重课业负担。地方各级教育行政部门要根据当地实际情况，按照不同学段和年级、走读生和寄宿生的实际需要，对学生休息时间、在校学习（包括自习）时间、体育锻炼时间、在校活动内容和家庭作业等方面作出科学合理安排和严格规定，并组织全面检查。坚决纠正各种随意侵占学生休息时间的做法，正确引导家长和社会积极参与，切实把课内外过重的课业负担减下来，依法保障学生的休息权利。

2.……坚持学生每天锻炼一小时，保障学校开展团队活动和社会实践活动时间……

《中小学生减负措施》

2.严格依照课标教学。严格执行国家课程方案和课程标准，开足开齐规定课程，努力提高教学质量，促进学生全面发展。不得随意提高教学难度和加快教学进度，杜绝“非零起点”教学。

《教育部关于落实保证中小学生每天体育活动时间的意见》

地方和学校不得以任何理由削减、挤占体育课时间。

《教育部办公厅关于进一步加强中小学生体质健康管理工作的通知》

二、……小学一至二年级每周4课时，小学三至六年级和初中每周3课时，高中每周2课时，有条件的学校每天开设1节体育课，确保不以任何理由挤占体育与健康课程和学生校园体育活动。

三、……合理安排学生校内、校外体育活动时间，着力保障学生每天校内、校外各1小时体育活动时间。全面落实大课间体育活动制度，中小学校每天统一安排30分钟的大课间体育活动……

《教育部办公厅关于进一步加强中小学生睡眠管理工作的通知》

三、……小学上午上课时间一般不早于8∶20，中学一般不早于8∶00；学校不得要求学生提前到校参加统一的教育教学活动，对于个别因家庭特殊情况提前到校学生，学校应提前开门、妥善安置；合理安排课间休息和下午上课时间，有条件的地方和学校应保障学生必要的午休时间；寄宿制学校要合理安排作息时间，确保学生达到规定睡眠时间要求。

四、……中小学校要提升课堂教学实效，加强作业统筹管理，严格按照有关规定要求，合理调控学生书面作业总量，指导学生充分利用自习课或课后服务时间，使小学生在校内基本完成书面作业、中学生在校内完成大部分书面作业，避免学生回家后作业时间过长，挤占正常睡眠时间……

7 教师应当尊重和保护学生的财产权益

典型案例

老师勒令学生自行砸手机事件[①]

《徐州都市晨报》2020年12月2日报道，12月1日，云南省

① 《老师勒令3名学生自行砸手机被停课！网友为此吵翻了》，载《徐州都市晨报》澎湃号2020年12月2日，https://www.thepaper.cn/newsDetail_forward_10246233。

红河州蒙自市“鸣鹫镇中学3名学生在教室讲台被勒令自行砸手机”的视频引起网民热议。当晚，蒙自市教育体育局发布通报，称网传视频属实，并已对该教师进行停课调查，对学生及家长进行安抚。通报全文如下：“2020年12月1日，‘鸣鹫镇中学3名学生在教室讲台被勒令自行砸手机’视频在各网络平台引起网民热议。蒙自市教育体育局及时进行核实，网传视频属实。涉事教师对学生进行教育时，因方法不当引发社会关注。目前，蒙自市教育体育局已对该教师进行停课调查，对学生及家长进行安抚。下一步，蒙自市教育体育局将在全市教育体育系统开展法治及师德师风教育，提升教职工法治意识，规范教师教育教学行为。”

要点提示

教师不得采用毁坏财物的方式对学生进行教育管理，对学生携带进入校园的违法违规物品，按规定予以暂扣的，应当统一管理，并依照有关规定予以处理。教师不得强制要求或者设置条件要求学生及家长捐款捐物、购买商品或者服务，或者要求家长提供物质帮助、需支付费用的服务等。

扩展解读

财产权益是未成年人的重要权益。《民法典》明确规定要保障未成年人的财产权益，《未成年人保护法》也对此作出了具体详细的规定。不仅监护人不得侵害未成年人的财产权，教师作为教育管理者也不得侵害未成年学生的财产权益。

第一，教师不得采用毁坏财物的方式对学生进行教育管理。

教师虽然对学生有教育管理的职权，但是这种职权行使的前提是合法合理。学生享有财产权益，教师应当予以尊重。如果教师以直接毁坏学生财物的方式教育管理学生，则违反了法律规定，其不仅要承担民事赔偿责任，还可能受到学校或者教育主管部门的处分。如果故意毁坏学生财物达到一定数额，其行为本身已经涉嫌违法犯罪，即使教师以教育管理学生为名也不能够豁免。在上述案例中，勒令三名学生自行砸手机的教师已经被停课，当地教育体育局已经发布通报进行调查。

第二，教师对学生携带进入校园的违法违规物品，按规定予以暂扣的，应当统一管理，并依照有关规定予以处理。

为了确保校园安全，教师可以采取相应措施对学生携带违法违规物品的行为予以制止。《中小学教育惩戒规则（试行）》明确规定，第一，教师、学校在发现学生携带、使用违规物品或者行为具有危险性时，应当采取必要措施予以制止，以避免这些违规物品对其他人造成伤害。第二，发现学生藏匿违法、危险物品的，教师应当责令学生交出并可以对可能藏匿物品的课桌、储物柜等进行检查。当然，责令学生交出并可以对学生课桌、储物柜进行检查的前提是发现或有理由怀疑学生藏匿了违法、危险物品。第三，教师要在适当时候将违规物品交还学生家长，在此之前可以对学生的违规物品（如严禁学生携带的手机、电子产品等）予以暂扣，并妥善保管。第四，如果学生携带、藏匿的是违法、危险物品（如管制刀具、易燃易爆及其他危险化学品等），教师应当及时通过学校与公安机关、应急管理部门等有关部门联系，并交由其依法处理。上述规定是硬性要求，教师必须严格执行。

第三，教师不得强制要求或者设置条件要求学生及家长捐款捐物、购买商品或者服务，或者要求家长提供物质帮助、需支付费用的服务等。

央视新闻客户端于2020年10月《变相强制学生购买平板电脑，其实伤害了教育公平》一文中报道了一所学校强制要求学生购买平板电脑的事件：一些学生家长反映当地部分学校以“智慧课堂”“教育信息化”等名义，向家长推荐平板电脑，并以“上课要用”“布置作业”等理由变相强制学生购买。学校最终退回相关费用。①

一方面，强制要求或者设置条件要求学生及家长购买商品或者服务有可能会受到治安管理处罚。《治安管理处罚法》规定，强买强卖商品、强迫他人提供服务或者强迫他人接受服务的，将受到拘留或者罚款的治安管理处罚。教师强制要求或者设置条件要求学生及家长捐款捐物、购买商品或者服务，或者要求家长提供物质帮助、需支付费用的服务，符合上述规定的，违反《治安管理处罚法》，同样会受到处罚。

另一方面，教师具有教育、管理学生的职权，如果教师变相强制学生及其家长购买商品，则影响了教育公平，侵犯了学生及其家长的财产权。因此，《未成年人学校保护规定》规定了教职工不得牟取不当利益的六种情形：（一）利用管理学生的职务便利或者招生考试、评奖评优、推荐评价等机会，以任何

① 《热评丨强制要求学生购买平板电脑为何一再发生？》，载央视新闻客户端2021年04月21日，http://m.news.cctv.com/2021/04/21/ARTIbbNOemKvtP6vemw8EHL1210421.shtml。

形式向学生及其家长索取、收受财物或者接受宴请、其他利益；（二）以牟取利益为目的，向学生推销或者要求、指定学生购买特定辅导书、练习册等教辅材料或者其他商品、服务；（三）组织、要求学生参加校外有偿补课，或者与校外机构、个人合作向学生提供其他有偿服务；（四）诱导、组织或者要求学生及其家长登录特定经营性网站，参与视频直播、网络购物、网络投票、刷票等活动；（五）非法提供、泄露学生信息或者利用所掌握的学生信息牟取利益；（六）其他利用管理学生的职权牟取不正当利益的行为。如果违反上述六种情形，教师应当退还所收费用或者所获利益，给学生造成经济损失的，应当依法予以赔偿，并视情节给予处分，涉嫌违法犯罪的移送有关部门依法追究责任。

相关规定

《宪法》

第十三条第一款 公民的合法的私有财产不受侵犯。

《民法典》

第三条 民事主体的人身权利、财产权利以及其他合法权益受法律保护，任何组织或者个人不得侵犯。

《治安管理处罚法》

第四十六条 强买强卖商品，强迫他人提供服务或者强迫他人接受服务的，处五日以上十日以下拘留，并处二百元以上五百元以下罚款；情节较轻的，处五日以下拘留或者五百元以下罚款。

《中小学教育惩戒规则（试行）》

第十一条第二款 教师、学校发现学生携带、使用违规物品或者行为具有危险性的，应当采取必要措施予以制止；发现学生藏匿违法、危险物品的，应当责令学生交出并可以对可能藏匿物品的课桌、储物柜等进行检查。

《未成年人学校保护规定》

第十四条　学校不得采用毁坏财物的方式对学生进行教育管理，对学生携带进入校园的违法违规物品，按规定予以暂扣的，应当统一管理，并依照有关规定予以处理。

学校不得违反规定向学生收费，不得强制要求或者设置条件要求学生及家长捐款捐物、购买商品或者服务，或者要求家长提供物质帮助、需支付费用的服务等。

第三十八条　学校应当加强对教职工的管理，预防和制止教职工实施法律、法规、规章以及师德规范禁止的行为。学校及教职工不得实施下列行为：

（一）利用管理学生的职务便利或者招生考试、评奖评优、推荐评价等机会，以任何形式向学生及其家长索取、收受财物或者接受宴请、其他利益；

（二）以牟取利益为目的，向学生推销或者要求、指定学生购买特定辅导书、练习册等教辅材料或者其他商品、服务；

（三）组织、要求学生参加校外有偿补课，或者与校外机构、个人合作向学生提供其他有偿服务；

（四）诱导、组织或者要求学生及其家长登录特定经营性网站，参与视频直播、网络购物、网络投票、刷票等活动；

（五）非法提供、泄露学生信息或者利用所掌握的学生信息牟取利益；

（六）其他利用管理学生的职权牟取不正当利益的行为。

8 教师应当尊重和保护学生的肖像权和知识产权

典型案例

幼儿园老师直播未经园方同意，侵犯孩子隐私[①]

《华西都市报》2016年2月26日报道，2016年2月24日德阳小天使幼儿园老师“静静”未经同意，在网上直播其班上小朋友上课以及午休。德阳市公安局开发区分局法制室相关负责人表示，单就老师直播幼儿园孩子上课午休的高清画面来说，已经违反了《未成年人保护法》，侵犯了孩子的肖像权和隐私，当事人可以要求立即停止这种侵权行为。

要点提示

未经允许，教师不得以发布、汇编、出版等方式使用学生作品。对外宣传或者公开使用学生个体肖像的，应当取得学生及其家长许可，并依法保护学生的权利。

扩展解读

肖像权和知识产权是学生的两种基本民事权益，这在互联网时代具有更强的现实意义，也对教师提出了更高的要求。肖

① 《幼儿园老师在网上直播小朋友上课情况，被指侵权》，载《华西都市报》2016年2月26日，搜狐网转载http://news.sohu.com/20160226/n438551163.shtml。

像是自然人最主要的标识之一，当人们谈论某个人的时候，最先想到的就是这个人的相貌。自然人基于其肖像而拥有肖像权，其有权制作、使用、公开，以及许可他人使用自己肖像；知识产权是独立于物权、债权、人身权之外具有人身属性的财产利益，主要包括著作权、商标权和专利权。学生作为独立个体，依法享有肖像权和知识产权，教师应当尊重和保护学生的这两种权利，不得通过包括互联网在内的任何途径侵犯学生权益。

第一，教师对外宣传或者公开使用学生个体肖像的，应当取得学生及其家长许可，并依法保护学生的权利。

《民法典》第1019条第1款规定："任何组织或者个人不得以丑化、污损，或者利用信息技术手段伪造等方式侵害他人的肖像权。未经肖像权人同意，不得制作、使用、公开肖像权人的肖像，但是法律另有规定的除外。"《民法典》施行前，侵害肖像权须满足以商业用途为前提，但是，为了更好保护个人肖像权，《民法典》不再将侵权限定在商业用途上。也就是说，肖像权是属于权利人本人的，他人无论出于什么目的使用肖像，都必须经过肖像权人的同意，一般只有在法律允许的如新闻报道等情况下才可以使用他人肖像。教师使用学生肖像同样如此。值得注意的是，学生多是无民事行为能力或限制民事行为能力的未成年人，除听取学生的意见外，教师还需要征得监护人的同意，并依法保护学生的权利。上述案例中，幼儿园老师"静静"未经同意在网上直播其班上小朋友上课以及午休，其行为已经侵犯了学生的肖像权，违反了法律规定。

第二，未经许可，教师不得以发布、汇编、出版等方式使用学生作品。

《民法典》规定民事主体依法享有知识产权，包括以下八类客体：（一）作品；（二）发明、实用新型、外观设计；（三）商标；（四）地理标志；（五）商业秘密；（六）集成电路布图设计；（七）植物新品种；（八）法律规定的其他客体。知识产权具有专属性，归权利人专有，任何人不得侵犯。学生完成的作文、绘画、发明创造等都属于知识产权保护的范畴，归学生专有。

在具体教育教学过程中，较为常见的就是学生的著作权问题。教师可能会参与对学生作品的指导或者创作，那么在认定著作权的时候就要分情况处理。首先，如果作品系教师与学生共同创作，那么，教师与学生共同享有著作权。《著作权法》第14条第1款规定："两人以上合作创作的作品，著作权由合作作者共同享有。没有参加创作的人，不能成为合作作者。"按照上述规定，如果教师参与了学生作品的创作，那么其享有发表权、署名权、修改权等，但是所得收益应当合理分配给参与创作的学生。其次，如果作品主要由学生创作，教师进行了指导、修改，那么，著作权人应当为学生，教师可以"指导教师"的身份进行署名。当然，未经学生及其监护人的同意，教师不得以发布、汇编、出版等方式使用学生作品，否则就侵犯了学生的知识产权。最后，如果作品全部由学生创作，教师仅是为学生及其家长推荐发表渠道，那么是否发表以及通过何种方式在何种平台发表，则由学生及其家长作出决定，教师不得进行干预。

相关规定

《民法典》

第一百二十三条　民事主体依法享有知识产权。

知识产权是权利人依法就下列客体享有的专有的权利：

（一）作品；

（二）发明、实用新型、外观设计；

（三）商标；

（四）地理标志；

（五）商业秘密；

（六）集成电路布图设计；

（七）植物新品种；

（八）法律规定的其他客体。

第一千零一十九条第一款　任何组织或者个人不得以丑化、污损，或者利用信息技术手段伪造等方式侵害他人的肖像权。未经肖像权人同意，不得制作、使用、公开肖像权人的肖像，但是法律另有规定的除外。

《著作权法》

第十条第一款　著作权包括下列人身权和财产权：

（一）发表权，即决定作品是否公之于众的权利；

（二）署名权，即表明作者身份，在作品上署名的权利；

（三）修改权，即修改或者授权他人修改作品的权利；

（四）保护作品完整权，即保护作品不受歪曲、篡改的权利；

（五）复制权，即以印刷、复印、拓印、录音、录像、翻录、翻拍、数字化等方式将作品制作一份或者多份的权利；

（六）发行权，即以出售或者赠与方式向公众提供作品的原件或者复制件的权利；

（七）出租权，即有偿许可他人临时使用视听作品、计算机软件的原件或者复制件的权利，计算机软件不是出租的主要标的的除外；

（八）展览权，即公开陈列美术作品、摄影作品的原件或者复制件的权利；

（九）表演权，即公开表演作品，以及用各种手段公开播送作品的表演的权利；

（十）放映权，即通过放映机、幻灯机等技术设备公开再现美术、摄影、视听作品等的权利；

（十一）广播权，即以有线或者无线方式公开传播或者转播作品，以及通过扩音器或者其他传送符号、声音、图像的类似工具向公众传播广播的作品的权利，但不包括本款第十二项规定的权利；

（十二）信息网络传播权，即以有线或者无线方式向公众提供，使公众可以在其选定的时间和地点获得作品的权利；

（十三）摄制权，即以摄制视听作品的方法将作品固定在载体上的权利；

（十四）改编权，即改变作品，创作出具有独创性的新作品的权利；

（十五）翻译权，即将作品从一种语言文字转换成另一种语言文字的权利；

（十六）汇编权，即将作品或者作品的片段通过选择或者编排，汇集成新作品的权利；

（十七）应当由著作权人享有的其他权利。

第十四条　两人以上合作创作的作品，著作权由合作作者共同享有。没有参加创作的人，不能成为合作作者。

合作作品的著作权由合作作者通过协商一致行使；不能协商一致，又无正当理由的，任何一方不得阻止他方行使除转让、许可他人专有使用、出质以外的其他权利，但是所得收益应当合理分配给所有合作作者。

合作作品可以分割使用的，作者对各自创作的部分可以单独享有著作权，但行使著作权时不得侵犯合作作品整体的著作权。

《未成年人学校保护规定》

第十五条　学校以发布、汇编、出版等方式使用学生作品，对外宣传或者公开使用学生个体肖像的，应当取得学生及其家长许可，并依法保护学生的权利。

9 教师应当尊重学生的参与权和表达权

典型案例

沙子坡小学让学生参与研讨校规校纪的制定[①]

据贵州省铜仁市教育局网站新闻报道，为更好地推动学校

① 《共商管理办法　同立校规校纪》，载贵州省铜仁市教育局网站，http://jyj.trs.gov.cn/jyxw_500448/jyxw_5134568/202103/t20210326_67499457.html。

全面落实党的教育方针和立德树人根本任务，保障和规范学校、教师依法履行教育教学和管理职责，保护学生合法权益，促进学生全面发展、健康成长，2021年3月24日，中心校督学、学校全体行政及家委会成员、学生代表、教师代表50余人参加会议，共同研讨确定《沙子坡小学校规校纪（草案）》。会上，与会人员情绪激昂，各抒己见，踊跃发表了自己对草案的看法和建议，群策群力，共同研讨，提出了解决问题的有效措施，并举手表决同意学校制定的校规校纪。

要点提示

指导、支持学生参与学校章程、校规校纪、班级公约的制定，处理与学生权益相关的事务时，应当以适当方式听取学生意见。

扩展解读

联合国《儿童权利公约》保护未成年人的参与权，尊重其意愿，并在第12条将其作为一项基本原则进行了规定。该项原则强调，任何涉及未成年人的事情，均应听取未成年人的意见。作为《儿童权利公约》缔约国，我国《未成年人保护法》等相关法律法规均进行了规定，积极保障未成年人参与同自身有关事务以及参与社会生活的权利。

第一，指导、支持学生参与学校章程、校规校纪、班级公约的制定。

2021年教育部颁布实施的《中小学教育惩戒规则（试行）》

第5条第2款规定学校制定校规校纪，应当广泛征求教职工、学生和家长的意见；第3款规定教师可以组织学生、家长以民主讨论形式共同制定班规或者班级公约。学校章程是学校经特定程序制定的关于组织规程和办事规则的规范性文书，是关于学校管理的根本性规章制度，规范所有在校教职工和学生的行为。校规校纪是所有在校教职工和学生必须遵守的纪律规定，是不可逾越的红线和底线，逾越必受处分。而班级公约是约束班级师生的规范性制度，虽然相对于学校章程和校规校纪来说范围窄、效力低，但其是在符合法律规定的校规校纪的基础上结合本班实际情况制定，经过了班级师生共同约定，也应由班级师生共同遵守。教师应当充分保障学生的参与权，指导和支持学生参与学校章程、校规校纪、班级公约的制定，这也有利于增强他们遵守学校章程、校规校纪、班级公约的主动性和自觉性。

第二，处理与学生权益相关的事务时，应当以适当方式听取学生意见。

未成年人享有参与家庭、文化和社会生活的权利，未成年人不应被简单视为一个弱小群体而仅仅需要特殊的照顾，他们应当作为一个有权利的群体而被所有人尊重。未成年人享有对影响到其本人的一切事务及程序自由发表自己意见的权利，对未成年人的意见应按照其年龄和成熟程度给以适当的重视。新修订的《未成年人保护法》将未成年人参与权和表达权作为突出的重点内容之一，共有六处涉及尊重未成年人意愿、听取未成年人意见的规定，“总则”中特别强调要将“听取未成年人的意见”作为处理涉及未成年人事项的要求之一。未成年人在不同年龄段的智力发展状况、利益诉求、表达能力等是不一样的，年满八周岁的学生属于限制民事行为能力人，他们已经有了一定的认知能力和表达能力，学校和教师要多给予其充分表达意见的机会，认真考虑其真实意愿，充分尊重其参与权、表达权。特别是涉及与未成年学生密切相关的荣誉、处分等重要事务，教师更要通过个别谈话、分组交流、召开班会等多种方式听取未成年学生的意见。

相关规定

《儿童权利公约》

第十二条 1.缔约国应确保有主见能力的儿童有权对影响到其本人的一切事项自由发表自己的意见，对儿童的意见应按照其年龄和成熟程度给以适当的看待。

2.为此目的，儿童特别应有机会在影响到儿童的任何司法和行政诉讼中，以符合国家法律的诉讼规则的方式，直接或通过代表或适当机构陈述意见。

《未成年人保护法》

第三条第一款 国家保障未成年人的生存权、发展权、受保护权、参与权等权利。

第四条 保护未成年人，应当坚持最有利于未成年人的原则。处理涉及未成年人事项，应当符合下列要求：

……

（五）听取未成年人的意见；

……

《未成年人学校保护规定》

第十六条 学校应当尊重学生的参与权和表达权，指导、支持学生参与学校章程、校规校纪、班级公约的制定，处理与学生权益相关的事务时，应当以适当方式听取学生意见。

《中小学教育惩戒规则（试行）》

第五条　……

学校制定校规校纪，应当广泛征求教职工、学生和学生父母或者其他监护人（以下称家长）的意见；有条件的，可以组织有学生、家长及有关方面代表参加的听证。校规校纪应当提交家长委员会、教职工代表大会讨论，经校长办公会议审议通过后施行，并报主管教育部门备案。

教师可以组织学生、家长以民主讨论形式共同制定班规或者班级公约，报学校备案后施行。

10 教师要尊重和保护学生的申辩权

典型案例

重庆市体校作出注销学生学籍决定因未让学生陈述申辩而被法院撤销[①]

2018年9月14日，重庆市教育委员会向重庆市体育局发出《关于处理冯某违规取得中等职业学校学籍的函》，认为冯某属违规取得的中等职业学校学籍，应予注销。市体校转收到该函

① 重庆市第五中级人民法院（2019）渝05行终549号行政判决书，载中国裁判文书网。

后，未向冯某颁发毕业证，并于2018年10月16日作出《关于注销冯某中等职业学校学籍的决定》。冯某于2019年4月10日收到该决定后，向重庆市南岸区人民法院提起诉讼。一审法院经审理认为，在作出的处理决定涉及当事人的重大权益时，市体校应当按照正当程序原则，给予当事人相应的陈述、申辩权利。但是，市体校作出的《关于注销冯某中等职业学校学籍的决定》证据不足、程序不合法，依法应予以撤销。市体校不服上诉，二审法院重庆市第五中级人民法院维持原判。

要点提示

学生的申辩权是一项容易被教师和学校忽视的权利，任何人都有权对涉及自己利益的行为进行申辩。教师对学生进行批评教育、教育惩戒的，应当允许、尊重学生申辩的权利，不应因其申辩而草率地认为其顶撞老师、拒不改正，更不应因其申辩而加重惩戒或处理。

扩展解读

申辩权是当事人申述理由、加以辩解的权利，其有权利提出不同意见、为自己辩解。在作出涉及当事人重大权益的处理决定之前，如果不给予当事人陈述申辩的权利，属于程序违法。在上述案件中，市体校因注销学生学籍前未给予当事学生申辩权，而被法院认定程序违法，法院判决撤销了市体校《关于注销冯某中等职业学校学籍的决定》。

在教学实践中，学生可能会违规犯错，如迟到早退，或者没交作业。但是教师如果只看到这些客观结果，而不调查学生的主观因素，就会错误地把诸如因上学途中见义勇为而迟到、因生病而没做作业等情况的学生作为处罚对象，无法达到有效教育、管理学生的目的。为此，教育部2021年颁布的《中小学教育惩戒规则（试行）》《未成年人学校保护规定》两部规章都对保障学生的申辩权进行了明确规定。《中小学教育惩戒规则（试行）》规定在学校拟对学生实施教育惩戒和纪律处分时，要听取学生的陈述和申辩。《未成年人学校保护规定》要求对学生实施教育惩戒和纪律处分，以及作出其他与学生权益有关的决定前，学校和教师都应当听取学生及其家长的意见并酌情采纳，在听取合理意见基础上作出相关决定。

因此，教师要充分尊重和保护学生的申辩权。第一，学生有违规违纪行为，教师应当认真听取学生的申辩理由，而不能简单地理解为是顶撞自己或者为难自己。第二，教师应当通过调查、询问，进一步了解和掌握学生申辩的事实是否真实，理由是否充分。第三，教师对可证可信的事实予以认定，学生申辩理由不成立的，说明原因并及时依法依规给予处理；学生申辩理由成立的，则要在采纳其申辩意见的基础上决定是否处理以及如何处理。

相关规定

《行政诉讼法》

第七十条　行政行为有下列情形之一的，人民法院判决撤销或者部分撤销，并可以判决被告重新作出行政行为：

……

（三）违反法定程序的；

……

《中小学教育惩戒规则（试行）》

第十四条第一款 学校拟对学生实施本规则第十条所列教育惩戒和纪律处分的，应当听取学生的陈述和申辩。学生或者家长申请听证的，学校应当组织听证。

《未成年人学校保护规定》

第十七条第一款 学校对学生实施教育惩戒或者处分学生的，应当依据有关规定，听取学生的陈述、申辩，遵循审慎、公平、公正的原则作出决定。

11 教师要及时采取措施，保护权益受到侵害的学生

典型案例

5名义务教育阶段辍学学生家长被告[①]

中新网2017年12月7日报道，2017年3月，兰坪县啦井镇新建村和某某等五名学生辍学回家，其家长不认真履行义务教育法律责任，经啦井镇政府工作人员和学校老师反复做工作后，仍然没有送辍学子女返校就读。11月3日，啦井镇政府向兰坪县人民法院依法提起诉讼。法院立案后，法官对被起诉的学生家长进行了走访调查，认为和某某等五名被告家长作为法定监

① 《子女辍学家长被镇政府告上法庭法院当庭进行调解》，载中新网2017年12月7日，https://www.chinanews.com.cn/sh/2017/12-07/8394410.shtml。

护人，没有履行法定义务，以各种理由放任本应接受义务教育的子女辍学，违反了法律规定。在庭审现场，法庭针对每个被告家长及其子女的实际情况，对原、被告双方进行调解。双方当场就学生返校时限、共同劝导事宜等达成共识，法庭当场下达调解书。经过庭审，家长认识到了“不让孩子上学是违法的”，纷纷表示，今后要好好教育孩子，尽力给孩子创造良好的学习环境。

要点提示

教师发现学生权益受到侵害，属于本职工作范围的，应当及时处理；不属于本职工作范围或者不能处理的，应当及时报告班主任或学校负责人；必要时可以直接向主管教育行政部门或者公安机关报告。

扩展解读

《未成年人保护法》规定，包括学校在内的任何组织或者包括教师在内的任何个人发现不利于未成年人身心健康或者侵犯未成年人合法权益的情形，都有权劝阻、制止或者向公安、民政、教育等有关部门提出检举、控告。由于未成年学生自我保护能力不足，所以，只要发现不利于未成年学生身心健康或者侵犯学生合法权益的情形，不论是谁实施的，教师都有权劝阻、制止或者向公安、民政、教育等有关部门检举、控告。在上述案例中，学校教师发现五名学生未依法接受义务教育后，做了大量劝返复学工作。在多次劝返无果后，向政府有关部门进行了报告，当地镇政府遂到法院提起诉讼。

在发现学生权益受到侵害后，教师应当按照首问负责制的要求进行处理。《未成年人学校保护规定》第48条规定：“教职员工发现学生权益受到侵害，属于本职工作范围的，应当及时处理；不属于本职工作范围或者不能处理的，应当及时报告班主任或学校负责人；必要时可以直接向主管教育行政部门或者公安机关报告。”也就是说，无论是不是自己的学生，只要教师发现其权益受到侵害的，都应当及时进行处置。如果不是自身工作范围或者不能处理的，教师要及时向学校、班主任等报告，以避免学生受到进一步伤害。

另外，教师应当依法履行强制报告责任。《未成年人学校保护规定》明确规定，教师在发现学生遭受或疑似遭受家庭暴力、虐待、遗弃、长期无人照料、失踪等不法侵害以及面临不法侵害危险时，应当依照规定及时向公安、民政、教育等有关部门报告，并积极参与、配合有关部门做好侵害学生权利案件的调查处理工作。

相关规定

《未成年人保护法》

第十一条第一款 任何组织或者个人发现不利于未成年人身心健康或者侵犯未成年人合法权益的情形，都有权劝阻、制止或者向公安、民政、教育等有关部门提出检举、控告。

《未成年人学校保护规定》

第四十七条 学校和教职工发现学生遭受或疑似遭受家庭暴力、虐待、遗弃、长期无人照料、失踪等不法侵害以及面临不法侵害危险的，应当依照规定及时向公安、民政、教育等有关部门报告。学校应当积极参与、配合有关部门做好侵害学生权利案件的调查处理工作。

第四十八条　教职员工发现学生权益受到侵害，属于本职工作范围的，应当及时处理；不属于本职工作范围或者不能处理的，应当及时报告班主任或学校负责人；必要时可以直接向主管教育行政部门或者公安机关报告。

第三章

对禁止和限制教师从业的要求

为加大对未成年人的保护力度，近些年来，国家对教师入职查询和从业禁止作出了相应规定，违反这些规定，就意味着不仅不能从事教师职业，还可能因此而不能从事教育培训等所有与未成年人密切相关的职业。现在，一些地方已经建立起入职查询和从业禁止的相关工作机制，部分人员已经被禁止从事教师职业。

1 曾经实施某些特定违法犯罪的人员不得从事教师职业

典型案例

北京首次对性侵女学生的教师宣告"从业禁止"①

正义网2017年12月26日报道，三十九岁的邹某武是小娜（化名，十七岁，高二学生）的任课及家教老师。从2016年3月至案发期间，邹某武利用给小娜辅导功课的机会，多次以强行亲吻、抚摸等手段强制猥亵小娜，并多次强行与小娜发生性关系。在庭审中，邹某武辩称小娜系自愿与其发生性关系，未采取强制手段猥亵小娜。但法院经审理认为，邹某武虽称与小娜是师生间的暧昧关系，但二人的微信聊天内容却并不涉及任何情感话题或者暧昧语句。此外，小娜曾多次向父母提出要更换家教老师。在建议被父母拒绝后，小娜主动提出在卧室安装监控。于是，监控记录下了邹某武猥亵她的全过程。法院认为，邹某武在教学过程中利用身份的便利，严重违背教师职业道德，多次强奸、强制猥亵未成年女学生。根据最高人民法院、最高人

① 《北京海淀：首次对涉性侵案件教师宣告"从业禁止"》，载正义网2017年12月26日，http://news.jcrb.com/jxsw/201712/t20171226_1828700.html。

民检察院、公安部、司法部印发的《关于依法惩治性侵害未成年人犯罪的意见》的规定，依法对邹某武从重处罚，最终以强奸罪、强制猥亵罪判处邹某武有期徒刑十二年六个月。判决还特别指出，禁止被告人邹某武自刑罚执行完毕或者假释之日起五年内从事与未成年人相关的教育工作。

要点提示

国家要建立违法犯罪人员信息查询系统，曾经实施性侵害、虐待、拐卖、暴力伤害等违法犯罪的人员，将不得从事教师职业，也不能再从事其他与未成年人密切相关的职业。学校等与未成年人密切接触的单位不仅在招聘时要对此进行查询，日常也要定期复查。发现拟招聘人员有上述违法犯罪记录的，不得招聘；已经招聘的，要及时解聘。

扩展解读

在学校以及教育培训机构等与未成年人密切接触的单位发生的侵害未成年人权益案件更为隐蔽、更难发现，很多这类案件进入公众视野往往都是因为偶发因素或者情节极其恶劣、后果特别严重。2020年8月，最高人民检察院、教育部、公安部联合下发《关于建立教职员工准入查询性侵违法犯罪信息制度的意见》，要求中小学、幼儿园新招录教职员工前，教师资格认定机构在授予申请人教师资格前，应当对其进行性侵违法犯罪信息查询。时任最高人民检察院第九检察厅厅长史卫忠在发布会上介绍，近年来，全国发生多起有性侵犯罪前科人员继续性侵学生案件，表现出性侵未成年人犯罪的成瘾性、重犯率高等特点，只有限制其接触未成年人，才能从源头上最大限度地防止再犯。在上述意见基础上，《未成年人保护法》第62条第1款进一步规定，学校等密切接触未成年人的单位在招聘工作人员时，应当向公安机关、人民检察院查询应聘者是否具有性侵害、虐待、拐卖、暴力伤害等违法犯罪记录。如果应聘者实施了上述犯罪行为则不能被录用。2021年9月1日实施的《未成年人学校保护规定》也对此进行了规定，这些都有利于更好保护未成年人合法权益。

第一，针对三类教职员工人群，需要开展准入查询以及定期查询。

教职员工应当对信息查询制度有所了解。根据《关于建立教职员工准入查询性侵违法犯罪信息制度的意见》第5条、第6条的规定，针对三类教职员工人群，需要开展准入查询以及定期查询。首先，新招录的教职员工。不仅仅是学校新招录的教师，行政人员、勤杂人员、安保人员等在校园内工作的教职员工，在入职前都应当进行性侵违法犯罪信息查询。其次，申请教师资格的人员。在认定教师资格前，教师资格认定机构应当对申请人员进行性侵违法犯罪信息查询。最后，在职教职员工。教育行政部门应当做好在职教职员工性侵违法犯罪信息的筛查。在已经公布的案例中，蒋某云是溧阳市某幼儿园的临聘老师，属于被查询的对象之一，经查询，蒋某云曾因强迫卖淫罪被人民法院判处有期徒刑，因此最后被解聘。[①]

① 《检察机关与各方力量携手构建未成年人保护大格局典型案（事）例》，载最高人民检察院网站2021年5月31日，https://www.spp.gov.cn/xwfbh/dxal/202105/t20210531_519841.shtml。

第二，查询的内容包括且不限于性侵害违法犯罪信息。

《关于建立教职员工准入查询性侵违法犯罪信息制度的意见》主要针对教职员工是否存在强奸、强制猥亵、猥亵儿童等违法犯罪行为进行查询，但《未成年人保护法》和《未成年人学校保护规定》进行了拓展性规定。《未成年人保护法》第62条第1款规定，学校等密切接触未成年人的单位在招聘工作人员时，应当向公安机关、人民检察院查询应聘者是否具有性侵害、虐待、拐卖、暴力伤害等违法犯罪记录。《未成年人学校保护规定》第36条第1款规定："学校应当严格执行入职报告和准入查询制度，不得聘用有下列情形的人员：（一）受到剥夺政治权利或者因故意犯罪受到有期徒刑以上刑事处罚的；（二）因卖淫、嫖娼、吸毒、赌博等违法行为受到治安管理处罚的；（三）因虐待、性骚扰、体罚或者侮辱学生等情形被开除或者解聘的；（四）实施其他被纳入教育领域从业禁止范围的行为的。"该条第2款还规定："学校在聘用教职工或引入志愿者、社工等校外人员时，应当要求相关人员提交承诺书；对在聘人员应当按照规定定期开展核查，发现存在前款规定情形的人员应当及时解聘。"国家法律法规已经作出明确规定，学校应当严格落实。

第三，如果学校不依法进行查询，则有可能承担相应法律责任。

国家将建立违法犯罪人员信息查询系统，如果学校不依法进行查询，将要承担相应法律责任。为了便于开展查询工作，《未成年人保护法》第98条规定："国家建立性侵害、虐待、拐卖、暴力伤害等违法犯罪人员信息查询系统，向密切接触未成年人的单位提供免费查询服务。”《未成年人保护法》第126条规定，如果学校等密切接触未成年人的单位“未履行查询义务，或者招用、继续聘用具有相关违法犯罪记录人员的，由教育、人力资源和社会保障、市场监督管理等部门按照职责分工责令限期改正，给予警告，并处五万元以下罚款；拒不改正或者造成严重后果的，责令停业整顿或者吊销营业执照、吊销相关许可证，并处五万元以上五十万元以下罚款，对直接负责的主管人员和其他直接责任人员依法给予处分”。2021年5月31日，最高人民检察院发布十起检察机关与各方力量携手构建未成年人保护大格局典型案（事）例，在第七个案（事）例中，蒋某云是溧阳市某幼儿园的临聘教师，曾因强迫卖淫罪被判处有期徒刑五年，并处罚金人民币六千元。2020年12月，溧阳市检察院、教育局、公安局在联合开展入职查询专项活动中，发现蒋某云的上述前科，教育主管部门立即责令学校对其进行处理。学校对蒋某云予以解聘。随后，溧阳市检察院将20余条线索移送溧阳市市场监督管理局，市场监督管理局已严格按照入职查询有关规定予以处理，相关单位负责人将受到处分。[①]

相关规定

《刑法》

第三十七条之一　因利用职业便利实施犯罪，或者实施违背职业要求的特定义务的犯罪被判处刑罚的，人民法院可以根

① 《检察机关与各方力量携手构建未成年人保护大格局典型案（事）例》，载最高人民检察院网站2021年5月31日，https://www.spp.gov.cn/xwfbh/dxal/202105/t20210531_519841.shtml。

据犯罪情况和预防再犯罪的需要，禁止其自刑罚执行完毕之日或者假释之日起从事相关职业，期限为三年至五年。

被禁止从事相关职业的人违反人民法院依照前款规定作出的决定的，由公安机关依法给予处罚；情节严重的，依照本法第三百一十三条的规定定罪处罚。

其他法律、行政法规对其从事相关职业另有禁止或者限制性规定的，从其规定。

《未成年人保护法》

第六十二条 密切接触未成年人的单位招聘工作人员时，应当向公安机关、人民检察院查询应聘者是否具有性侵害、虐待、拐卖、暴力伤害等违法犯罪记录；发现其具有前述行为记录的，不得录用。

密切接触未成年人的单位应当每年定期对工作人员是否具有上述违法犯罪记录进行查询。通过查询或者其他方式发现其工作人员具有上述行为的，应当及时解聘。

《未成年人学校保护规定》

第三十六条 学校应当严格执行入职报告和准入查询制度，不得聘用有下列情形的人员：

（一）受到剥夺政治权利或者因故意犯罪受到有期徒刑以上刑事处罚的；

（二）因卖淫、嫖娼、吸毒、赌博等违法行为受到治安管理处罚的；

（三）因虐待、性骚扰、体罚或者侮辱学生等情形被开除或者解聘的；

（四）实施其他被纳入教育领域从业禁止范围的行为的。

学校在聘用教职工或引入志愿者、社工等校外人员时，应当要求相关人员提交承诺书；对在聘人员应当按照规定定期开展核查，发现存在前款规定情形的人员应当及时解聘。

《最高人民检察院、教育部、公安部关于建立教职员工准入查询性侵违法犯罪信息制度的意见》

第五条　学校新招录教师、行政人员、勤杂人员、安保人员等在校园内工作的教职员工，在入职前应当进行性侵违法犯罪信息查询。

在认定教师资格前，教师资格认定机构应当对申请人员进行性侵违法犯罪信息查询。

《教育部办公厅关于进一步加强中小学（幼儿园）预防性侵害学生工作的通知》

二、切实加强教职员工队伍管理

各地教育行政部门和学校要严格落实有关教师管理法规和制度要求，进一步完善教师准入制度，强化对拟招录人员品德、心理的前置考察，联合公安部门建立性侵害违法犯罪信息库和入职查询制度。落实对校长、教师和职工从业资格的有关规定，加强对临时聘用人员的准入审查，坚决清理和杜绝不合格人员进入学校工作岗位，严禁聘用受到剥夺政治权利或者故意犯罪受到有期徒刑以上刑事处罚人员担任教职员工。要将师德教育、法治教育纳入教职员工培训内容及考核范围。要加强对教职员工的品行考核，与当地公安、检察机关建立协调配合机制，对于实施性骚扰、性侵害学生行为的教职员工，及时依法予以处理。

2 曾经受到某些刑罚的人员不得从事教师职业

典型案例

一教师因曾犯非法持有毒品罪不被录用①

中国教育新闻网报道，2020年，李某到某幼儿园应聘，称教师资格证遗失并表示自己曾在该幼儿园工作，请幼儿园查询存档的教师资格证资料。经查找，幼儿园发现存档资料中确实有李某的教师资格证复印件。幼儿园拟录用李某，并按当地教师入职管理的规定，向该市教育局申请入职查询。教育局查询发现李某从该园离职后，因犯非法持有毒品罪被判处有期徒刑，教师资格证已被撤销。该市教育局将查询结果反馈给幼儿园，该园依法作出不予聘用决定。

要点提示

除了严重侵害未成年学生人身权利的行为，实施任何犯罪行为受到剥夺政治权利或者因故意犯罪受到有期徒刑以上刑事处罚的人员，学校也不得聘用。

① 《教师因曾犯非法持有毒品罪不被录用……履行准入管理职责，构筑学校保护防火墙》，载中国教育新闻网微信公众号2021年8月4日，https://mp.weixin.qq.com/s/5Hb84BKc51Dujlot7l58Ww。

扩展解读

根据《未成年人学校保护规定》第36条第1款的规定，受到剥夺政治权利或者因故意犯罪受到有期徒刑以上刑事处罚的人员不得从事教师职业，具体可以分为以下两种情况：

第一，因犯罪而被剥夺政治权利的人员不得从事教师职业。

《刑法》第34条规定了三种附加刑：罚金、剥夺政治权利和没收财产。作为附加刑，剥夺政治权利既可以附加适用，也可以独立适用。只要受到被剥夺政治权利的刑事处罚，其本人就不能再从事教师职业，而且一般也不能从事学校的其他岗位。

第二，因故意犯罪受到有期徒刑以上刑事处罚的人员不得从事教师职业。

犯罪包括故意犯罪和过失犯罪，而且根据情节轻重可能被判处管制、拘役、有期徒刑、无期徒刑、死刑等主刑以及上述三种附加刑，也可能免予处罚或者缓期执行。因此，按照规定，只要因故意犯罪受到了有期徒刑以上的刑事处罚，那么将不能取得教师资格；如果已经取得了教师资格，则丧失教师资格。另外需要注意的是，因过失犯罪被判处刑罚，或者因故意犯罪被判处管制、拘役且没有被附加剥夺政治权利的刑罚，虽不属于明文规定的丧失从事教师职业资格的范围，但这些也是入职查询时的考量因素，在现实中可能会因政治审查无法通过而不能从事教师职业。

相关规定

《刑法》

第三十四条 附加刑的种类如下：

（一）罚金；

（二）剥夺政治权利；

（三）没收财产。

附加刑也可以独立适用。

《教师法》

第十四条 受到剥夺政治权利或者故意犯罪受到有期徒刑以上刑事处罚的，不能取得教师资格；已经取得教师资格的，丧失教师资格。

《未成年人学校保护规定》

第三十六条 学校应当严格执行入职报告和准入查询制度，不得聘用有下列情形的人员：

（一）受到剥夺政治权利或者因故意犯罪受到有期徒刑以上刑事处罚的；

……

学校在聘用教职工或引入志愿者、社工等校外人员时，应当要求相关人员提交承诺书；对在聘人员应当按照规定定期开展核查，发现存在前款规定情形的人员应当及时解聘。

3 曾经因实施某些违法行为而受到治安管理处罚的人员不得从事教师职业

典型案例

贵州铜仁两名外籍教师吸毒被开除，教育局收到检察建议[①]

据贵州检察微信号2019年8月26日消息，该院办案检察官在审查王某的犯罪事实时发现，向王某购买毒品吸食的斯蒂文、雅酷分别为时任铜仁市甲中学教师、时任铜仁市乙中学教师，两人均非中国国籍。品行不端、有损教师形象的吸毒人员混入教师队伍，对中学生的教育和培养极为不利，检察机关于2019年8月14日分别向铜仁市碧江区教育局、铜仁市万山区教育局发出检察建议，一是建议完善教师招录程序，二是建议加强对学校的监督管理，三是建议强化教师职业道德教育，四是建议建立监督举报教师违法犯罪制度。

铜仁市碧江区教育局、铜仁市万山区教育局接到检察建议后高度重视，研究了整改落实措施：一是明确新聘用教师的聘任标准和准入原则，严防有吸毒、受过行政处罚或刑事处罚等前科劣迹的人员混入教师队伍。二是开展专项检查，组织工作专班对辖区内现有外籍教师进行资格、能力、道德与文化等方面的综合评估，一旦发现有吸毒等劣行者，立即将其清除出教师队伍。三是加强对新聘用外籍教师的聘前考察，推行试用期

---

① 《贵州铜仁：两名外籍教师吸毒被开除》，载界面新闻百家号2020年6月20日，https://baijiahao.baidu.com/s?id=1670564474435455639&wfr=spider&for=pc。

考核制度，试用期考核不合格者不予聘用……并将前述整改落实措施书面向铜仁市碧江区人民检察院进行了回复。

要点提示

因性侵害、虐待、暴力伤害、卖淫、嫖娼、吸毒、赌博等违法行为受到治安管理处罚的人员，学校不得聘用。

扩展解读

《未成年人学校保护规定》第36条规定，曾经因卖淫、嫖娼、吸毒、赌博等违法行为受到治安管理处罚的人员不得从事教师职业。上述行为也违反了《治安管理处罚法》的相关规定。

第一，因卖淫、嫖娼而受到治安管理处罚的人员不得从事教师职业。

2001年2月28日，公安部《关于对同性之间以钱财为媒介的性行为定性处理问题的批复》对1995年8月10日《关于对以营利为目的的手淫、口淫等行为定性处理问题的批复》进行了修订，对“卖淫嫖娼”进行了明确规定：“不特定的异性之间或者同性之间以金钱、财物为媒介发生不正当性关系的行为，包括口淫、手淫、鸡奸等行为，都属于卖淫嫖娼行为，对行为人应当依法处理。”另外，违反《治安管理处罚法》的“卖淫嫖娼”，还包括在公共场所拉客招嫖、引诱、容留、介绍他人卖淫等尚未构成犯罪的违法情节。只要因卖淫、嫖娼而受到治安管理处罚，则不得从事教师职业。

第二，因吸毒而受到治安管理处罚的人员不得从事教师职业。

根据《治安管理处罚法》第72条第3项的规定，注射、吸食毒品的，将被处十日以上十五日以下拘留，可以并处二千元以下罚款；情节较轻的，处五日以下拘留或者五百元以下罚款。我国法律明文禁止注射、吸食毒品，教书育人的教师更应当以身作则、严格要求自己，不能染上注射、吸食毒品的恶习。一旦有人员有注射、吸食毒品的行为，将受到治安管理处罚，而且会被禁止从事教师职业。上述案例中，在接到检察机关的检察建议后，铜仁市碧江区教育局、铜仁市万山区教育局明确了新聘用教师的聘任标准和准入原则，严防有吸毒、受过行政处罚或刑事处罚等前科劣迹的人员混入教师队伍，以减少对学生的伤害。

第三，因赌博而受到治安管理处罚的人员不得从事教师职业。

关于“赌博”，《治安管理处罚法》认定的是参与赌博赌资较大的行为，行为人将被处以五日以下拘留或者五百元以下罚款；情节严重的，还可能被处以十日以上十五日以下拘留，并处五百元以上三千元以下罚款。赌博不仅破坏社会秩序，而且会严重扰乱人们的正常工作和生活，如果教师参与赌博，将严重破坏家校之间的信任。2021年3月，千龙网等媒体报道，辽宁一小学班主任杨某因网络赌博欠下巨债自杀，在离世前，其利用家长们的信任，先后以买房、装修、孩子出国留学等借口向29名家长借款100余万元。事后，很多家长找到学校和当地教育局讨要说法。[①]毫无疑问，杨某的赌博行为已经严

---

① 《辽宁一班主任网络赌博欠下巨债自杀先后向多名家长借款100余万》，载千龙网2021年3月21日，http://china.qianlong.com/2021/0321/5554758.shtml。

重违反师德，但是，如果杨某的赌博行为及早被发现、制止，或者能够将其开除出教师队伍，那么就不会发生29名家长被骗的事情了。因此，为了切实保护未成年人的合法权益免受侵害，具有赌博恶习的行为人不得担任教师或者从事与教育相关的工作。

相关规定

《未成年人保护法》

第六十二条 密切接触未成年人的单位招聘工作人员时，应当向公安机关、人民检察院查询应聘者是否具有性侵害、虐待、拐卖、暴力伤害等违法犯罪记录；发现其具有前述行为记录的，不得录用。

密切接触未成年人的单位应当每年定期对工作人员是否具有上述违法犯罪记录进行查询。通过查询或者其他方式发现其工作人员具有上述行为的，应当及时解聘。

《治安管理处罚法》

第七十条 以营利为目的，为赌博提供条件的，或者参与赌博赌资较大的，处五日以下拘留或者五百元以下罚款；情节严重的，处十日以上十五日以下拘留，并处五百元以上三千元以下罚款。

第七十二条 有下列行为之一的，处十日以上十五日以下拘留，可以并处二千元以下罚款；情节较轻的，处五日以下拘留或者五百元以下罚款：

（一）非法持有鸦片不满二百克、海洛因或者甲基苯丙胺不满十克或者其他少量毒品的；

（二）向他人提供毒品的；

（三）吸食、注射毒品的；

（四）胁迫、欺骗医务人员开具麻醉药品、精神药品的。

《最高人民检察院、教育部、公安部关于建立教职员工准入查询性侵违法犯罪信息制度的意见》

第四条　本意见所称的性侵违法犯罪信息，是指符合下列条件的违法犯罪信息，公安部根据本条规定建立性侵违法犯罪人员信息库：

（一）因触犯刑法第二百三十六条、第二百三十七条规定的强奸，强制猥亵，猥亵儿童犯罪行为被人民法院依法作出有罪判决的人员信息；

（二）因触犯刑法第二百三十六条、第二百三十七条规定的强奸，强制猥亵，猥亵儿童犯罪行为被人民检察院根据刑事诉讼法第一百七十七条第二款之规定作出不起诉决定的人员信息；

（三）因触犯治安管理处罚法第四十四条规定的猥亵行为被行政处罚的人员信息。

符合刑事诉讼法第二百八十六条规定的未成年人犯罪记录封存条件的信息除外。

第五条　学校新招录教师、行政人员、勤杂人员、安保人员等在校园内工作的教职员工，在入职前应当进行性侵违法犯罪信息查询。

在认定教师资格前，教师资格认定机构应当对申请人员进行性侵违法犯罪信息查询。

第六条　教育行政部门应当做好在职教职员工性侵违法犯

罪信息的筛查。

《未成年人学校保护规定》

第三十六条 学校应当严格执行入职报告和准入查询制度，不得聘用有下列情形的人员：

……

（二）因卖淫、嫖娼、吸毒、赌博等违法行为受到治安管理处罚的；

……

《公安部关于对同性之间以钱财为媒介的性行为定性处理问题的批复》

广西壮族自治区公安厅：

你厅《关于对以金钱为媒介的同性之间的性行为如何定性的请示》（桂公传发〔2001〕35号）收悉。现批复如下：

根据《中华人民共和国治安管理处罚条例》和全国人大常委会《关于严禁卖淫嫖娼的决定》的规定，不特定的异性之间或者同性之间以金钱、财物为媒介发生不正当性关系的行为，包括口淫、手淫、鸡奸等行为，都属于卖淫嫖娼行为，对行为人应当依法处理。

自本批复下发之日起，《公安部关于对以营利为目的的手淫、口淫等行为定性处理问题的批复》（公复字〔1995〕6号）同时废止。

4 对学生进行性侵害、性骚扰的人员不得从事教师职业

典型案例

教育部对性骚扰学生"零容忍"①

《农民日报》2019年12月30日报道，近日教育部召开新闻发布会，对日前由教育部等七部门联合印发的《关于加强和改进新时代师德师风的意见》进行解读，同时对教师性骚扰学生事件表态：教育部对性骚扰学生"零容忍"。教育部一直高度重视师德师风建设，对极个别教师性骚扰学生等侵害学生身心健康的行为实行"零容忍"。在教师职业行为十项准则中，明确规定了"不得与学生发生任何不正当关系，严禁任何形式的猥亵、性骚扰行为"，并规定了严厉的惩处措施。针对近期发生的个别教师涉性骚扰以及与学生发生不正当关系等师德违规事件，教育部指导督促学校依法依规从严从快进行了查处，并配合司法机关进行深入调查。

要点提示

与学生发生恋爱关系、性关系，抚摸、故意触碰学生身体特定部位等猥亵行为，对学生作出调戏、挑逗或者具有性暗示的言行，向学生展示传播色情、淫秽信息等内容，持有包含淫

---

① 《教育部对性骚扰学生"零容忍"》，载《农民日报》2019年12月30日，http://szb.farmer.com.cn/2019/20191230/20191230_004/20191230_004_8.htm。

秽、色情内容的视听、图文资料，或者其他构成性骚扰违法犯罪行为的，学校应当依法予以开除或者解聘；有教师资格的，由主管教育行政部门撤销教师资格。

扩展解读

教师对学生进行性侵害、性骚扰不仅是严重违反师德师风的失德行为，也是严重侵害学生人身健康的违法犯罪行为，国家对此高度重视，以“零容忍”的态度坚决予以打击，并制定相关政策严厉杜绝。

教师不得与学生发生性关系，否则有可能被追究刑事法律责任。2013年，最高人民法院、最高人民检察院、公安部、司法部联合出台《关于依法惩治性侵害未成年人犯罪的意见》规定，对幼女负有特殊职责的人员与幼女发生性关系的，以强奸罪论处。对已满十四周岁的未成年女性负有特殊职责的人员，利用其优势地位或者被害人孤立无援的境地，迫使未成年被害人就范，而与其发生性关系的，以强奸罪定罪处罚。2017年4月，《国务院办公厅关于加强中小学幼儿园安全风险防控体系建设的意见》明确规定，“对体罚、性骚扰、性侵害等侵害学生人身健康的违法犯罪行为，要建立零容忍制度”，并且要及早发现、及时处理、从严问责。2019年12月教育部等七部门联合出台《关于加强和改进新时代师德师风的意见》表态对性骚扰学生“零容忍”。2021年新修订实施的《刑法》将“对已满十四周岁不满十六周岁的未成年女性负有监护、收养、看护、教育、医疗等特殊职责的人员，与该未成年女性发生性关系的”，以负有照护职责人员性侵罪追究刑事责任，行为人有可能被判处三年以下有期徒刑；情节恶劣的，还将被判处三年以上十年以下有期徒刑。教师属于需要履行特殊职责人员，如果与学生发生性关系，将有可能被追究刑事责任。可见，国家明令禁止教师与学生发生性关系。

性骚扰，除了常见的抚摸、故意触碰学生身体特定部位等行为，还包括带有性暗示的言行，发送、共同观看含有色情内容的信息、视频等行为。最高人民检察院第十一批指导性案例（检例第43号）明确只要行为人主观上以满足性刺激为目的，客观上实施了猥亵儿童的行为，侵害了特定儿童人格尊严和身心健康的，应当认定构成猥亵儿童罪。也就是说，发送、共同观看含有色情内容的信息、视频等行为不仅是性骚扰，还可能构成猥亵儿童犯罪。另外，指导性案例（检例第43号）还明确，在网络环境下以满足性刺激为目的，虽未直接与被害儿童进行身体接触，但是通过QQ、微信等网络软件，以诱骗、强迫或者其他方法要求儿童拍摄、传送暴露身体的不雅照片、视频，行为人通过画面看到被害儿童裸体、敏感部位的，也构成猥亵儿童罪。教师不得为了满足自身的性刺激，而向学生作出带有性暗示的言行或者发送含有色情内容的信息、视频等内容，更不得通过网络对学生实施“隔空猥亵”。当然，教师也不能持有包含淫秽、色情内容的视听、图文资料。

北京青少年法律援助与研究中心曾经做过研究，67.7%的性侵案件都来自熟人，而不合格的教职员工是性侵未成年学生的主体之一。因此，必须将这些人员排除在教师队伍之外，以避免学生受到来自教师的性侵害。需要说明的是，《民法典》为了加大对未成年人的保护，规定对未成年人实施了性侵害，未成年人要求承担侵权责任、赔偿损害的，诉讼时效将自受害人年满十八周岁之日起三年之内都有效。

相关规定

《刑法》

第二百三十六条之一 对已满十四周岁不满十六周岁的未成年女性负有监护、收养、看护、教育、医疗等特殊职责的人员，与该未成年女性发生性关系的，处三年以下有期徒刑；情节恶劣的，处三年以上十年以下有期徒刑。

有前款行为，同时又构成本法第二百三十六条规定之罪的，依照处罚较重的规定定罪处罚。

《民法典》

第一百九十一条 未成年人遭受性侵害的损害赔偿请求权的诉讼时效期间，自受害人年满十八周岁之日起计算。

第一千零一十条第二款 机关、企业、学校等单位应当采取合理的预防、受理投诉、调查处置等措施，防止和制止利用职权、从属关系等实施性骚扰。

《未成年人保护法》

第四十条 学校、幼儿园应当建立预防性侵害、性骚扰未成年人工作制度。对性侵害、性骚扰未成年人等违法犯罪行为，学校、幼儿园不得隐瞒，应当及时向公安机关、教育行政部门报告，并配合相关部门依法处理。

学校、幼儿园应当对未成年人开展适合其年龄的性教育，提高未成年人防范性侵害、性骚扰的自我保护意识和能力。对遭受性侵害、性骚扰的未成年人，学校、幼儿园应当及时采取相关的保护措施。

第五十二条 禁止制作、复制、发布、传播或者持有有关未成年人的淫秽色情物品和网络信息。

《国务院办公厅关于加强中小学幼儿园安全风险防控体系建设的意见》

（十五）……教育部门要健全学校对未成年学生权利的保护制度，对体罚、性骚扰、性侵害等侵害学生人身健康的违法犯罪行为，要建立零容忍制度，及早发现、及时处理、从严问责，应当追究法律责任的，要协同配合公安、司法机关严格依法惩处。

《最高人民法院、最高人民检察院、公安部、司法部关于依法惩治性侵害未成年人犯罪的意见》

26.……

对未成年人负有特殊职责的人员、与未成年人有共同家庭生活关系的人员、国家工作人员，实施组织、强迫、引诱、容留、介绍未成年人卖淫等性侵害犯罪的，更要依法从严惩处。

《未成年人学校保护规定》

第二十四条第二款 学校应当采取必要措施预防并制止教职工以及其他进入校园的人员实施以下行为：

（一）与学生发生恋爱关系、性关系；

（二）抚摸、故意触碰学生身体特定部位等猥亵行为；

（三）对学生作出调戏、挑逗或者具有性暗示的言行；

（四）向学生展示传播包含色情、淫秽内容的信息、书刊、影片、音像、图片或者其他淫秽物品；

（五）持有包含淫秽、色情内容的视听、图文资料；

（六）其他构成性骚扰、性侵害的违法犯罪行为。

第六十条第二款 教职工实施第二十四条第二款禁止行为的，应当依法予以开除或者解聘；有教师资格的，由主管教育行政部门撤销教师资格，纳入从业禁止人员名单；涉嫌犯罪的，移送有关部门依法追究责任。

《教育部办公厅关于进一步加强中小学（幼儿园）预防性侵害学生工作的通知》

二、切实加强教职员工队伍管理

各地教育行政部门和学校要严格落实有关教师管理法规和制度要求，进一步完善教师准入制度，强化对拟招录人员品德、心理的前置考察，联合公安部门建立性侵害违法犯罪信息库和入职查询制度。落实对校长、教师和职工从业资格的有关规定，加强对临时聘用人员的准入审查，坚决清理和杜绝不合格人员进入学校工作岗位，严禁聘用受到剥夺政治权利或者故意犯罪受到有期徒刑以上刑事处罚人员担任教职员工。要将师德教育、法治教育纳入教职员工培训内容及考核范围。要加强对教职员工的品行考核，与当地公安、检察机关建立协调配合机制，对于实施性骚扰、性侵害学生行为的教职员工，及时依法予以处理。

5 体罚、侮辱学生的人员可能不得从事教师职业

典型案例

呼和浩特一中学教师体罚辱骂学生被开除[①]

《新京报》报道，2021年8月，有新浪微博网友发布视频称，呼和浩特一中学毕业班教师长期体罚辱骂学生。爆料者称平时上课的时候，该教师就像视频里这样打学生，并导致一学生出现心理问题。针对此视频，呼和浩特市新城区教育局成立调查组，对视频所反映内容开展调查核实处理。经调查核实，视频中反映师德失范行为涉事教师是呼和浩特市启秀中学（东校区）教师吴某，情况属实。该学校已按照《内蒙古自治区中小学、幼儿园教师违反职业道德行为处理办法》开除涉事教师吴某。新城区教育局党组研究决定约谈涉事学校校长并在新城区范围内通报批评；对分管副校长诫勉谈话并在新城区范围内通报批评。

要点提示

体罚学生情节严重或者经教育不改的，侮辱学生影响恶劣的，学校有权解聘。而且，对于因体罚或侮辱学生被开除或解聘的人员，其他学校不得聘用。

① 《呼和浩特一中学教师体罚辱骂学生？官方：情况属实，已开除》，载《新京报》百家号2021年8月25日，https://baijiahao.baidu.com/s?id=170717792561914812 3&wfr=spider&for=pc。

扩展解读

教师对学生实施体罚、变相体罚是一个老生常谈的问题，这也是学校、幼儿园未成年人保护工作长期面临的挑战。2019年年初，北京青少年法律援助与研究中心曾就体罚和学生权利保护等相关问题对学生、家长及教师进行访谈，接受访谈的100多人都知道国家法律明确禁止体罚，但是仍然有一半以上的老师认为可以用体罚的方式对学生进行惩戒。

从各地发生的案件来看，学校教职员工体罚、变相体罚学生，不仅严重侵害了未成年学生的权益，有些老师也因此受到严肃的处分，某些学校和老师为此承担了民事赔偿责任，个别老师还因此被追究了刑事责任。2015年11月1日起施行的《刑法修正案（九）》专门规定了虐待被监护、看护人罪，教师对未成年学生实施体罚或者变相体罚等虐待行为，情节恶劣的，不需要造成轻伤，就可能构成犯罪。

教师侮辱学生影响恶劣的，学校有权解聘。在上述案例中，吴某长期辱骂学生，还多次掌掴并推搡学生，学校已按照相关规定将其开除。吴某的行为已经导致一学生出现心理问题，如果让此类人员继续从事教师职业，会引起家长和学生的恐慌不安，更会增加学生人身权益被侵犯的风险。基于对未成年学生的保护，学校有权解聘体罚、变相体罚或者侮辱学生人格尊严的教师，而且其他学校也不得聘用因上述情形被开除的人员。

相关规定

《刑法》

第二百六十条之一第一款　对未成年人、老年人、患病的人、残疾人等负有监护、看护职责的人虐待被监护、看护的人，情节恶劣的，处三年以下有期徒刑或者拘役。

《教师法》

第三十七条　教师有下列情形之一的，由所在学校、其他教育机构或者教育行政部门给予行政处分或者解聘：

（一）故意不完成教育教学任务给教育教学工作造成损失的；

（二）体罚学生，经教育不改的；

（三）品行不良、侮辱学生，影响恶劣的。

教师有前款第（二）项、第（三）项所列情形之一，情节严重，构成犯罪的，依法追究刑事责任。

《义务教育法》

第二十九条第二款　教师应当尊重学生的人格，不得歧视学生，不得对学生实施体罚、变相体罚或者其他侮辱人格尊严的行为，不得侵犯学生合法权益。

《未成年人保护法》

第二十七条　学校、幼儿园的教职员工应当尊重未成年人人格尊严，不得对未成年人实施体罚、变相体罚或者其他侮辱人格尊严的行为。

《未成年人学校保护规定》

第三十六条第一款　学校应当严格执行入职报告和准入查询制度，不得聘用有下列情形的人员：

……

（三）因虐待、性骚扰、体罚或者侮辱学生等情形被开除或者解聘的；

……

6 不具备与教师岗位要求相适应身心条件的人员不得从事教师职业

典型案例

教师精神病病发家中殴打学生致1死3伤[①]

《新京报》2016年7月7日报道，5月28日，山东省五莲县女教师在家中辅导班殴打学生，致1死3伤。时隔一个多月后，新京报记者获得的一份鉴定意见通知书表明，该名女教师患有复发性抑郁症，案发时“伴有精神病性症状”，被评定为“限定刑事责任”。

要点提示

教师存在精神病史，有严重酗酒、滥用精神类药物史，以及其他可能危害未成年人身心健康或者可能造成不良影响的身心疾病的，学校有权对其是否符合岗位要求进行评估，并根据评估结论决定是否聘用或者调整工作岗位、解聘。

① 《教师家中殴打学生1死3伤　经鉴定有精神疾病》，载《新京报》2016年7月7日，http://www.bjnews.com.cn/news/2016/07/06/409017.html。

扩展解读

除违规违法犯罪的人员不得从事教师职业外，还有一些人员经适岗评估后，发现身体、精神和行为不适宜从事教师职业，那么学校应当对此类人员解聘或调岗。具体主要有以下几种情形：

第一，有精神病史的人员可能不适宜从事教师职业。

在上述案件中，该女教师在自己家里使用擀面杖等钝器，将前来接受学习辅导的四名本村孩子打伤。其中一人经抢救无效死亡，另外三人受伤，经鉴定该名老师当时处于精神疾病病发状态。让有精神病史的教师教育管理学生，一旦其精神病病发，行为失控，后果非常严重。而未成年人大多没有能力保护自己，面对来自精神病人的伤害更是无法进行自我保护。因此，不能让有精神病史的人员从事教师职业。

第二，有严重酗酒、滥用精神类药物史的人员可能不适宜从事教师职业。

存在严重酗酒、滥用精神类药物史的人员，一方面自制力较弱，容易被酒精或精神类药物所控制；另一方面在酒精或精神类药物的刺激下容易失控，会轻易对学生实施侵害行为。现实中发生过类似的事件，2021年7月8日0点12分左右，云南省昭通市盐津县第二中学吴某等七名教师，在查男生寝室的时候，发现学生蒲某带有手机，吴某对违反学校纪律的蒲某进行了体罚，当场打了一耳光，罚蹲马步，并没收了手机。蒲某回到宿舍后爬上窗台，跳楼坠亡。初步调查显示，教师吴某当晚喝过酒，因此其存在情绪失控的情况，以至于成为学生跳楼坠亡的重要因素之一。

存在上述身心疾病或者问题的人员，是否会出现心智失常的情形，是否可能危害未成年人身心健康或者造成不良影响，需要评估得出结论。为了对未成年人和该类人员负责，学校应当通过专业评估，让适宜在教师岗位上工作的人员继续留职，对不适宜人员调整工作岗位或解聘，不要让悲剧重演。

相关规定

《未成年人学校保护规定》

第三十七条 学校发现拟聘人员或者在职教职工存在下列情形的，应当对有关人员是否符合相应岗位要求进行评估，必要时可以安排有专业资质的第三方机构进行评估，并将相关结论作为是否聘用或者调整工作岗位、解聘的依据：

（一）有精神病史的；

（二）有严重酗酒、滥用精神类药物史的；

（三）有其他可能危害未成年人身心健康或者可能造成不良影响的身心疾病的。

《教育部等五部门关于完善安全事故处理机制　维护学校教育教学秩序的意见》

1.……各级各类学校要树立预防为先的理念……建立并严格执行学校教职工聘用资质检查制度，从源头上预防和消除安全风险，杜绝责任事故……

第四章

对教师教育惩戒的有关要求

为推进学校和教师依法有效行使教育权，教育部出台《中小学教育惩戒规则（试行）》，对规范学校和教师实施教育惩戒作出了明确规定，教师合法实施教育惩戒受到保护，违规实施教育惩戒须受处理。教师必须了解和掌握教育惩戒的相关规定，合法合理合情地实施教育惩戒。

1 教师应当准确理解教育惩戒的目的性质

典型案例

教师因体罚小学生被刑事拘留①

据央广网报道，2022年5月24日下午，网络上出现“沂水县夏蔚镇回峰涧小学教师体罚学生”的视频。事件发生后，临沂市沂水县委、县政府立即安排县教育局、体育局和公安局对该事件进行调查。经查，宋某某体罚学生曹某某事件属实。目前，曹某某正在接受治疗，伤情稳定。涉事教师宋某某已被公安机关刑事拘留，案件正在进一步侦办中。

要点提示

教育部发布规章赋权学校及教师可以在教育教学和管理过程中对学生实施教育惩戒，这里的惩戒是指学校、教师基于教育目的，对违规违纪学生进行管理、训导或者以规定方式予以矫治，促使学生引以为戒、认识和改正错误的教育行为。

① 《山东临沂一小学教师体罚学生涉事教师已被刑事拘留》，载央广网2022年5月26日，http://news.cnr.cn/native/gd/20220526/t20220526_525838480.shtml。

扩展解读

实施教育惩戒的目的是教育学生，促使学生引以为戒、认识和改正错误。因此，教师要基于关爱学生的教学宗旨，注重教育管理的人文关怀，使学生认识和改正错误，以达到教育学生遵守规则、增强自律、改过向上的目的，决不能为了惩戒而惩戒。建议教师可从以下六个方面全面理解和正确实施教育惩戒。

第一，坚持教育惩戒的教育属性。

教育惩戒是学校、教师基于教育目的，对违规违纪学生进行管理、训导或者以规定方式予以矫治，促使学生引以为戒、认识和改正错误的教育行为。作为学校、教师行使教育管理权的一种具体方式，教育惩戒权来自教育权，而不是赋予学校、教师的一种单独的权力用以惩罚学生，教育惩戒的本质属性仍然是教育学生。

第二，坚持实施教育惩戒措施适当。

学校、教师实施的教育惩戒措施要与学生过错程度相适应。一方面，实施教育惩戒应当符合教育规律，一定要适应学生年龄、性格等特点，小学低年级学生和高年级学生适用教育惩戒的标准就不能一样。另一方面，适用教育惩戒也不能过于机械，还必须综合考虑学生的一贯表现、主观认识、悔过态度，以及家庭环境等因素，以求达到最佳育人效果。

第三，坚持保障教师依法实施教育惩戒。

教师引导、教育行为失范的孩子改过自新、积极向上是其职责要求之一。因此，学校要为依法依规实施教育惩戒的教师提供支持、保障，使其对学生“敢管、愿管、能管”。此外，学校也应当完善相关制度，加强对教师的培训，规范教师的教育教学管理行为，引导其依法履行教育惩戒职责。

第四，坚持积极维护教师合法权益。

对于因教师正常的教育惩戒行为发生的纠纷，学校应当及时予以处理，切实保障教师权益。在家长威胁、侮辱、伤害教师时，学校、教育行政部门应当依法保护教师人身安全、维护教师合法权益；情形严重的，应当及时向公安机关报告并配合公安机关、司法机关追究责任。绝不能让教师在依法教育管理学生的过程中受到无辜伤害，也绝不能让侵权者无法无天，逍遥法外。

第五，坚持合法合规处理违规教师。

实施教育惩戒必须依据法律法规的规定，这是红线和底线，不容触碰。对于违规实施教育惩戒的教师，学校应当严格执行《教师法》《事业单位工作人员处分暂行规定》《中小学教育惩戒规则（试行）》等规定，对教师依法、及时地处理。当然，学校也要综合考量教师的惩戒方式、一贯表现及其行为后果，不能因为家长闹事就无限度妥协，不得片面加重教师责任。

第六，坚持多方参与、家校合作建章立制。

校规校纪是对学生进行教育惩戒和纪律处分的重要基础，学校应当依法制定校规校纪，为教师、学校履行教育、管理职责提供依据。在制定校规校纪时，学校应当广泛征求教职工、学生和家长意见，加深家长对校规校纪的了解，从而促进家校合作，相互理解。

相关规定

《中小学教育惩戒规则（试行）》

第二条 普通中小学校、中等职业学校（以下称学校）及其教师在教育教学和管理过程中对学生实施教育惩戒，适用本规则。

本规则所称教育惩戒，是指学校、教师基于教育目的，对违规违纪学生进行管理、训导或者以规定方式予以矫治，促使学生引以为戒、认识和改正错误的教育行为。

第三条 学校、教师应当遵循教育规律，依法履行职责，通过积极管教和教育惩戒的实施，及时纠正学生错误言行，培养学生的规则意识、责任意识。

教育行政部门应当支持、指导、监督学校及其教师依法依规实施教育惩戒。

第五条 学校应当结合本校学生特点，依法制定、完善校规校纪，明确学生行为规范，健全实施教育惩戒的具体情形和规则。

学校制定校规校纪，应当广泛征求教职工、学生和学生父母或者其他监护人（以下称家长）的意见；有条件的，可以组织有学生、家长及有关方面代表参加的听证。校规校纪应当提交家长委员会、教职工代表大会讨论，经校长办公会议审议通过后施行，并报主管教育部门备案。

教师可以组织学生、家长以民主讨论形式共同制定班规或者班级公约，报学校备案后施行。

第十六条 学校、教师应当重视家校协作，积极与家长沟通，使家长理解、支持和配合实施教育惩戒，形成合力。家长应当履行对子女的教育职责，尊重教师的教育权利，配合教师、学校对违规违纪学生进行管教。

家长对教师实施的教育惩戒有异议或者认为教师行为违反本规则第十二条规定的，可以向学校或者主管教育行政部门投诉、举报。学校、教育行政部门应当按照师德师风建设管理的有关要求，及时予以调查、处理。家长威胁、侮辱、伤害教师的，学校、教育行政部门应当依法保护教师人身安全、维护教师合法权益；情形严重的，应当及时向公安机关报告并配合公安机关、司法机关追究责任。

2 教师应当熟练掌握教育惩戒的原则要求

典型案例

高三学生腿上放棉袄、认真抠手、哈欠不断被列入违纪通报，鹤壁高中删除通报并道歉[①]

大众网报道，2021年1月27日，微信公众号“鹤壁高中2021届”发表了一条题为《1月18日—1月24日违纪情况通报》的文章，将八十多名学生的近百条违规行为逐一实名曝光。通报末尾称：“年级将一如既往地严格落实违纪扣分办法，严格执

① 《网上公开实名曝光学生课堂违纪　鹤壁高中回应“这是年级长的事”》，载大众网2021年1月28日，《潇湘晨报》百家号转载https：//baijiahao.baidu.com/s?id=1690140135840287220&wfr=spider&for=pc。

行违纪处理，希望各位同学引以为戒，严于律己，共同维护年级纪律！”落款为“校本部2021届高三年级”。这条微信公众号文章中曝光的违纪行为既包括“上课睡觉”“传爆米花”“带智能机”等常见的课堂违纪，还有不少如“在纸条上罗列明星”“腿上放棉袄”“不记笔记”“效率低下”“认真抠手”“哈欠不断”“上课5分钟还没有进入学习状态”等描述，被网友评论“太可爱了吧”。截至1月28日13时许，这份“违纪通报”的阅读量显示为4.7万，14时许记者再打开该微信公众号文章时，显示已被删除。1月28日晚，鹤壁高中官方微信公众号发布通报称，该校高三年级在此事上存在方法不当、管理不规范问题，责成年级主任作出深刻检讨，对所涉及学生及家长公开致歉。

要点提示

实施教育惩戒是为了教育而非惩罚学生，其性质是一种教育和管理的手段。实施教育惩戒应当符合教育规律，注重育人效果；遵循法治原则，做到客观公正；选择适当措施，与学生过错程度相适应。

扩展解读

教育惩戒的目的是教育而非惩罚学生，核心是教育，惩戒只是手段。如果本末倒置，不考虑如何通过教育惩戒对学生进行正确的价值引导，而是试图通过劝退、公开悬赏举报、暴露个人隐私等手段形成威慑，则不一定能够达到教育惩戒的效果，而且还侵犯了学生的合法权益。惩戒应该注意方式方法，把握好尺度和边界。因此在实施教育惩戒过程中，教师一定要把握住以下基本原则和要求。

第一，实施教育惩戒应当符合教育规律，注重育人效果。

教师实施教育惩戒要心中有“爱”，眼中有“人”，手下有“度”。《中小学教育惩戒规则（试行）》已于2021年3月1日起实施，首次对教育惩戒的概念进行了定义，并划定七条“红线”明确教育惩戒尺度。根据《中小学教育惩戒规则（试行）》第2条第2款的规定，教育惩戒首先是一种教育行为，其目的是对学生进行教育，促使违规违纪学生引以为戒、认识和改正错误。因此，教师在实施教育惩戒时应当符合教育规律，并且注重育人效果。

第二，遵循法治原则，做到客观公正。

《中小学教育惩戒规则（试行）》对什么是教育惩戒，对学生何种言行实施教育惩戒，教师可以何时、何地做出教育惩戒，哪些教育惩戒必须由学校实施等内容都作出了具体规定。比如，教师可以对违规违纪情节较为轻微的学生当场实施教育惩戒，并且可以以适当方式告知学生家长；在对违规违纪情节严重或者影响恶劣的学生进行教育惩戒时，应当听取学生的陈述和申辩，必要时还要组织听证等。教师应当认真学习相关规定，充分尊重学生及其家长在实体、程序上的权利，真正做到教育惩戒的客观公正。

第三，选择适当措施，与学生过错程度相适应。

《中小学教育惩戒规则（试行）》列举了教师可以当场实施的教育惩戒，也规定了学校可以实施较重的教育惩戒以及纪律处分的情况，这些规定都与学生的过错程度相适应，教师不能加重对学生的惩戒。比如，同样是故意不完成教学任务要求或者不服从教育、管理，扰乱课堂秩序、学校教育教学秩序等，如果是情节较为轻微的学生，教师可以采取点名批评等相应的教育惩戒措施；如果是情节较重或者经当场教育惩戒拒不改正的学生，学校可以采取由学校德育工作负责人予以训导、承担校内公益服务任务等教育惩戒措施；如果是小学高年级、初中和高中阶段的学生违规违纪情节严重或者影响恶劣的，学校还可以给予不超过一周的停课或者停学，要求家长在家对其进行教育、管教等，必要时还可以对学生进行纪律处分等。因此，教师要注意选择适当措施对学生进行惩戒，不得超过规定的限度。

相关规定

《中小学教育惩戒规则（试行）》

第三条 学校、教师应当遵循教育规律，依法履行职责，通过积极管教和教育惩戒的实施，及时纠正学生错误言行，培养学生的规则意识、责任意识。

教育行政部门应当支持、指导、监督学校及其教师依法依规实施教育惩戒。

第四条 实施教育惩戒应当符合教育规律，注重育人效果；遵循法治原则，做到客观公正；选择适当措施，与学生过错程度相适应。

第八条 教师在课堂教学、日常管理中，对违规违纪情节较为轻微的学生，可以当场实施以下教育惩戒：

（一）点名批评；

（二）责令赔礼道歉、做口头或者书面检讨；

（三）适当增加额外的教学或者班级公益服务任务；

（四）一节课堂教学时间内的教室内站立；

（五）课后教导；

（六）学校校规校纪或者班规、班级公约规定的其他适当措施。

教师对学生实施前款措施后，可以以适当方式告知学生家长。

第九条　学生违反校规校纪，情节较重或者经当场教育惩戒拒不改正的，学校可以实施以下教育惩戒，并应当及时告知家长：

（一）由学校德育工作负责人予以训导；

（二）承担校内公益服务任务；

（三）安排接受专门的校规校纪、行为规则教育；

（四）暂停或者限制学生参加游览、校外集体活动以及其他外出集体活动；

（五）学校校规校纪规定的其他适当措施。

第十条　小学高年级、初中和高中阶段的学生违规违纪情节严重或者影响恶劣的，学校可以实施以下教育惩戒，并应当事先告知家长：

（一）给予不超过一周的停课或者停学，要求家长在家进行教育、管教；

（二）由法治副校长或者法治辅导员予以训诫；

（三）安排专门的课程或者教育场所，由社会工作者或者其他专业人员进行心理辅导、行为干预。

对违规违纪情节严重，或者经多次教育惩戒仍不改正的学生，学校可以给予警告、严重警告、记过或者留校察看的纪律处分。对高中阶段学生，还可以给予开除学籍的纪律处分。

对有严重不良行为的学生，学校可以按照法定程序，配合家长、有关部门将其转入专门学校教育矫治。

3 教师应当熟悉本校的校规校纪

典型案例

德安县宝塔小学开展师德师风、校风校纪整治提升学习教育活动[①]

为提升学校师德师风、校风校纪建设水平，增强教师依法从教和保护未成年人的责任感和使命感，德安县宝塔小学开展了师德师风、校风校纪整治提升学习教育活动。此次活动由学校支部组织开展，全校教师参与。

2019年4月15日，根据活动部署，学校组织召开了“师德师风、校风校纪整治提升学习教育大会”。组织学习了《中小学教师职业道德十项准则》《师德师风建设“十提倡、十反对”》

① 《德安县宝塔小学开展师德师风、校风校纪整治提升学习教育活动》，载九江新闻网百家号2019年4月16日，https://baijiahao.baidu.com/s?id=1630950520986306582&wfr=spider&for=pc。

和《中小学教师职业道德“十做”“十不做”》等教育法律法规。支部书记带领老师对有偿家教、校外兼职、接受宴请、体罚学生、上课接打手机等方面存在的问题进行了全面自查。全体教师在工会主席的带领下，举起右手庄严宣誓。

要点提示

教育部在《中小学教育惩戒规则（试行）》中特别强调校规校纪的重要作用以及制定程序，明确规定学校制定校规校纪，应当广泛征求教师、学生和学生父母或者其他监护人的意见；有条件的，可以组织学生、家长及有关方面参加听证。校规校纪应当提交家长委员会、教职工代表大会讨论，经校长办公会议审议通过后施行，并报主管教育部门备案。

扩展解读

谚语有云：“国有国法，家有家规。”“没有规矩，不成方圆。”学校章程和校规校纪就是学校的规矩和“法”，校规校纪是约束包括教师、学生、家长在内人员的在校规范和准则。因此，教师要参与校规校纪的制定、宣传，也要带头遵守校规校纪。

第一，教师要同学生、家长一起参与校规校纪的制定。

制定校规校纪必须经历集思广益的过程，才能好操作、好落实。这就需要教师、家长、学生等群体共同参与、建言献策，将日常教育管理问题用制度化的手段加以解决。教师不仅自己要积极参与到校规校纪的制定当中，也要发动学生和家长积极参与其中，并且广泛征求他们的意见建议，把合理有效的内容吸纳到校规校纪中。

第二，教师要带头遵守校规校纪。

校规校纪制定后，教师、学生、家长都必须遵守。教师必须熟悉本校的校规校纪，内化于心，外化于行，并且做到率先垂范，在学生及家长面前带头严格遵守校规校纪，提升校规校纪的权威性和纪律性。另外，教师也要加强宣传教育，利用学生会、家长会、班级群等平台或者载体向学生和家长广泛宣传校规校纪，让校规校纪入脑、入心、入行。教师还要督促执行，一旦有学生违反校规校纪，必须宽严相济，严格处罚，让校规校纪落到实处。

相关规定

《中小学教育惩戒规则（试行）》

第五条　学校应当结合本校学生特点，依法制定、完善校规校纪，明确学生行为规范，健全实施教育惩戒的具体情形和规则。

学校制定校规校纪，应当广泛征求教职工、学生和学生父母或者其他监护人（以下称家长）的意见；有条件的，可以组织有学生、家长及有关方面代表参加的听证。校规校纪应当提交家长委员会、教职工代表大会讨论，经校长办公会议审议通过后施行，并报主管教育部门备案。

教师可以组织学生、家长以民主讨论形式共同制定班规或者班级公约，报学校备案后施行。

第六条　学校应当利用入学教育、班会以及其他适当方式，向学生和家长宣传讲解校规校纪。未经公布的校规校纪不得施行。

学校可以根据情况建立校规校纪执行委员会等组织机构，吸收教师、学生及家长、社会有关方面代表参加，负责确定可适用的教育惩戒措施，监督教育惩戒的实施，开展相关宣传教育等。

4 教师及学校只能对违规学生进行教育惩戒

典型案例

劝退模仿奥特曼学生，学校被处罚[①]

新华每日电讯2021年2月3日消息，日前，山西省运城市盐湖区教育科技局对外通报称，河东一中对大喊奥特曼台词的学生劝退处理明显失当，处理程序不严谨，方式简单粗暴，措辞不当，经研究决定给予河东一中警告处理，取消本年度内评优评先资格，对河东一中高中部校长全区通报批评，并责令学校修改完善校纪校规。

① 《学生模仿奥特曼被劝退：教育惩戒应以什么正确方式打开》，载新华每日电讯2021年2月3日，安徽网转载http://www.ahwang.cn/china/20210203/2192964.html。

要点提示

教育部在《中小学教育惩戒规则（试行）》中规定，对六种违反校规校纪的行为，确有必要的，可以实施教育惩戒，具体是:（一）故意不完成教学任务要求或者不服从教育、管理的;（二）扰乱课堂秩序、学校教育教学秩序的;（三）吸烟、饮酒，或者言行失范违反学生守则的;（四）实施有害自己或者他人身心健康的危险行为的;（五）打骂同学、教师，欺凌同学或者侵害他人合法权益的;（六）其他违反校规校纪的行为。另外特别强调，学生实施属于《预防未成年人犯罪法》规定的不良行为或者严重不良行为的，学校、教师应当予以制止并有权实施教育惩戒，加强管教；构成违法犯罪的，依法移送公安机关处理。

扩展解读

《中小学教育惩戒规则（试行）》明确了可以实施教育惩戒的六种情形，但是教师在实施教育惩戒时还要注重以下四个问题。

第一，教师可以对上述六种学生行为实施教育惩戒，而且这六种情形都应当在校规校纪中进行规定。

《中小学教育惩戒规则（试行）》第7条第1款明确规定了教师可以实施教育惩戒的情形，除第六项兜底条款外，前五项都明确了学生禁止实施的严重失范行为，这些行为已经具有一定的危害性，具体有：故意不完成教学任务或者不服从教育、管理的；扰乱课堂秩序、学校教育教学秩序的；吸烟、饮酒，或者言行失范违反学生守则的；实施有害自己或者他人身心健康的危险行为的；打骂同学、教师，欺凌同学或者侵害他人合法权益的。在这些行为中，有些可能只是违反了学校纪律，但是有一些具有一定的社会危害性，可能已经达到违法犯罪的程度，需要学校、教师加以教育惩戒并予以引导，以防止造成更为严重的后果。在具体工作中，学校可以根据本校具体情况以及各方建议意见，对上述六种情形作进一步具体化的规定。

第二，教师应当对学生严重失范行为予以制止并进行批评教育，确有必要的，可以实施教育惩戒。

教师发现学生有上述规定明确的六种严重失范行为，必须予以制止并进行批评教育，这是教师的法定职责。同时，教师可以对学生当场实施教育惩戒，但是有一个前提条件，即“确有必要的”。如果学生偶尔犯错，影响不大，本人已后悔改过，经制止、批评教育不再犯错，就没必要实施教育惩戒；但是如果学生经常违规，经多次制止、批评教育后仍不改正，影响较大，则有必要对其进行教育惩戒。

第三，学生实施属于《预防未成年人犯罪法》规定的不良行为或者严重不良行为的，教师应当予以制止并实施教育惩戒，加强管教。

关于学生不良行为或者严重不良行为的种类和表现形式，《预防未成年人犯罪法》进行了明确规定。其中，不良行为有九种：（一）吸烟、饮酒；（二）多次旷课、逃学；（三）无故夜不归宿、离家出走；（四）沉迷网络；（五）与社会上具有不良习性的人交往，组织或者参加实施不良行为的团伙；（六）进入法律法规规定未成年人不宜进入的场所；（七）参与赌博、变相赌博，或者参加封建迷信、邪教等活动；（八）阅览、观看或者收听宣扬淫秽、色情、暴力、恐怖、极端等内容的读物、音像制品或者网络信息等；（九）其他不利于未成年人身心健康成长的不良行为。不良行为的特征是危害未成年人自己，具有明显的内部危害性，并会对周围未成年人产生不良影响。

严重不良行为，是指未成年人实施的有《刑法》规定、因不满法定刑事责任年龄不予刑事处罚的行为，以及九种严重危害社会的行为：（一）结伙斗殴，追逐、拦截他人，强拿硬要或者任意损毁、占用公私财物等寻衅滋事行为；（二）非法携带枪支、弹药或者弩、匕首等国家规定的管制器具；（三）殴打、辱骂、恐吓，或者故意伤害他人身体；（四）盗窃、哄抢、抢夺或者故意损毁公私财物；（五）传播淫秽的读物、音像制品或者信息等；（六）卖淫、嫖娼，或者进行淫秽表演；（七）吸食、注射毒品，或者向他人提供毒品；（八）参与赌博赌资较大；（九）其他严重危害社会的行为。严重不良行为的特征是危害他人、危害社会，具有明显的外部危害性。

无论是不良行为，还是严重不良行为，都具有一定的社会危害性。教师必须在关键时刻拉学生一把，对违规违纪学生进行管理、训导或者以规定方式予以矫治，促使他们引以为戒、认识和改正错误。

第四，学生构成违法犯罪的，教师要依法移送公安机关处理。

《中小学教育惩戒规则（试行）》规定，学生构成违法犯罪的，教师要依法移送公安机关进行处理，由公安机关依法进行处理。此外，根据《预防未成年人犯罪法》的规定，一些学生可以被送入专门学校接受专门教育。也就是说，对于有严重不良行为的学生，如果家长、所在学校无力管教或者管教无效的，可以向教育行政部门提出申请，经专门教育指导委员会评估同意后，由教育行政部门决定送入专门学校接受专门教育。如果未成年学生实施了严重危害社会的行为，且情节恶劣或者造成严重后果；或者多次实施严重危害社会的行为；或者拒不接受或者配合公安机关的矫治教育措施等，那么，经专门教育指导委员会评估同意，也可以由教育行政部门会同公安机关决定将其送入专门学校接受专门教育。

相关规定

《预防未成年人犯罪法》

第四十三条　对有严重不良行为的未成年人，未成年人的父母或者其他监护人、所在学校无力管教或者管教无效的，可以向教育行政部门提出申请，经专门教育指导委员会评估同意后，由教育行政部门决定送入专门学校接受专门教育。

第四十四条　未成年人有下列情形之一的，经专门教育指导委员会评估同意，教育行政部门会同公安机关可以决定将其送入专门学校接受专门教育：

（一）实施严重危害社会的行为，情节恶劣或者造成严重后果；

（二）多次实施严重危害社会的行为；

（三）拒不接受或者配合本法第四十一条规定的矫治教育措施；

（四）法律、行政法规规定的其他情形。

第四十五条　未成年人实施刑法规定的行为、因不满法定刑事责任年龄不予刑事处罚的，经专门教育指导委员会评估同意，教育行政部门会同公安机关可以决定对其进行专门矫治教育。

省级人民政府应当结合本地的实际情况，至少确定一所专门学校按照分校区、分班级等方式设置专门场所，对前款规定的未成年人进行专门矫治教育。

前款规定的专门场所实行闭环管理，公安机关、司法行政部门负责未成年人的矫治工作，教育行政部门承担未成年人的教育工作。

《中小学教育惩戒规则（试行）》

第七条　学生有下列情形之一，学校及其教师应当予以制止并进行批评教育，确有必要的，可以实施教育惩戒：

（一）故意不完成教学任务要求或者不服从教育、管理的；

（二）扰乱课堂秩序、学校教育教学秩序的；

（三）吸烟、饮酒，或者言行失范违反学生守则的；

（四）实施有害自己或者他人身心健康的危险行为的；

（五）打骂同学、老师，欺凌同学或者侵害他人合法权益的；

（六）其他违反校规校纪的行为。

学生实施属于预防未成年人犯罪法规定的不良行为或者严重不良行为的，学校、教师应当予以制止并实施教育惩戒，加强管教；构成违法犯罪的，依法移送公安机关处理。

5 教师可以当场实施教育惩戒的方式

典型案例

一女教师边训斥边掌掴没完成作业的学生被处罚[①]

《华商报》咸阳报道，2016年3月18日，一段女教师掌掴学生的视频在微信朋友圈热转。视频中，七名学生站在教室后面的黑板前，一名女教师训斥的同时，在其中几名学生的脸上打了几巴掌。后据记者了解，此事为3月17日下午发生在陕西省泾阳县姚家巷中学九年级某班，涉事教师兰某已被学校停课。

要点提示

教师在课堂教学、日常管理中，对违规违纪情节较为轻微的学生，可以当场实施六种形式的教育惩戒：（一）点名批评；（二）责令赔礼道歉、做口头或者书面检讨；（三）适当增加额外的教学或者班级公益服务任务；（四）一节课堂教学时间内的教室内站立；（五）课后教导；（六）学校校规校纪或者班规、班级公约规定的其他适当措施。

扩展解读

教育惩戒措施的形式实际上非常丰富，但是教师可以当场

① 《嫌学生作业没完成，女教师边训斥边扇巴掌》，载《华商报》2016年3月19日，环球网转载https://m.huanqiu.com/article/9CaKrnJUE9c。

实施的教育惩戒只有上述六种，而且只能针对违规违纪情节较为轻微的学生实施。所以，教师在实施上述六种教育惩戒时要注意以下几点。

第一，只能针对违规违纪情节较为轻微的学生当场实施教育惩戒。

这类学生主要是在学校或者教室里以及学校组织的校外活动中，存在扰乱课堂或者教育教学秩序、违反学校校规校纪或者班规、班级公约等行为，但其情节并不严重，通常经劝阻和制止后能立即纠正。那么，针对这类学生教师可以当场实施教育惩戒。当然，教师不能滥用教育惩戒，要基于教育目的，在“确有必要”时实施。如果不当场实施也能达到教育目的的，教师可以不实施教育惩戒。

第二，实施六种形式的教育惩戒要适度。

上述六种形式教育惩戒措施除第六种是兜底条款外，其他五种较为具体，在实施过程中要注意适度。一是关于点名批评，一定要对学生所犯的错误进行批评，而不能对学生进行人身攻击、加以侮辱。二是责令赔礼道歉、做口头或者书面检讨，必须通过说服教育，让学生知错，自觉履行，而不能威胁恐吓、打骂凌辱。三是适当增加额外的教学或者班级公益服务任务，要注意适度的问题，要通过惩戒让学生认识到错误，自觉去改正。但是，不能让学生反复抄写，这可能涉嫌变相体罚；或者让学生在上课时间打扫卫生，这可能影响学生正常接受教育。四是罚站只能是一节课堂教学时间内，而且应当是站立在教室内。如果让学生在教室外罚站，学生可能不受控制而影响他人或者伤害自己，达不到教育惩戒学生的效果。五是关于课后教导，要认真与学生谈心谈话，触及学生的心灵，帮助其改过自新，而不能肆意辱骂。

第三，将是否告知家长的权利赋予教师。

由于这种教育惩戒手段较轻，而且又是当场就可以实施的，所以，根据《中小学教育惩戒规则（试行）》的相关规定，教师当场实施教育惩戒后，可以不告知家长。当然，教师也可以选择告知家长，但告知要以适当的方式进行，如要向家长说明实施教育惩戒的情况、理由，让家长理解教师实施教育惩戒的必要性，避免发生家校矛盾。

除上述教育惩戒措施外，教师认为当场实施教育惩戒难以达到教育目的，或者经当场实施教育惩戒而学生仍然拒不改正的，需要向学校进行报告，而不能超越权限违规实施教育惩戒。

相关规定

《中小学教育惩戒规则（试行）》

第八条　教师在课堂教学、日常管理中，对违规违纪情节较为轻微的学生，可以当场实施以下教育惩戒：

（一）点名批评；

（二）责令赔礼道歉、做口头或者书面检讨；

（三）适当增加额外的教学或者班级公益服务任务；

（四）一节课堂教学时间内的教室内站立；

（五）课后教导；

（六）学校校规校纪或者班规、班级公约规定的其他适当措施。

教师对学生实施前款措施后，可以以适当方式告知学生家长。

6 教师需要上报学校的教育惩戒情形

典型案例

教师认为学生违反校规校纪的行为应当给予较重或严重教育惩戒的，应当及时报告学校[①]

《齐鲁晚报·齐鲁壹点》2021年1月16日报道，近日，教育部颁布的《中小学教育惩戒规则（试行）》引发热议。

“要确立教育惩戒权的法律边界，防止滥用。”淄博周村区南郊中学副校长郑传东认为，确定教育惩戒权的前提，是保护学生的合法权益。除了不能体罚，也不得对学生有侮辱、威胁、歧视、辱骂等精神上的虐待行为。“除此之外，还要细化惩戒内容，明确惩戒行为针对的是学生特定的违纪行为。同时也要提高教师专业素质，加强家校沟通，惩戒前与家长沟通。”

对于教育惩戒“度”的把握，山大附中奥体中路学校政教处主任马艳敏建议：“对于一般教育惩戒，可以由教师当场实施，且可以事后根据情况告知学生家长；实施较重的教育惩戒，教师应当报告学校，由学校决定实施，且学校应及时告知家长；实施严重的教育惩戒，只能由学校实施，且必须事先告知家长。”

---

① 《调查｜〈惩戒规则〉后，一线教师的困扰：惩戒的边界是什么？》，载《齐鲁晚报》百家号2021年1月16日，https://baijiahao.baidu.com/s?id=1689014173667448172&wfr=spider&for=pc。

要点提示

学生违反校规校纪，情节较重或者经当场教育惩戒拒不改正，或者小学高年级、初中和高中阶段的学生违规违纪情节严重或者影响恶劣的，教师要及时向学校报告，由学校决定是否对该学生实施更为严厉的教育惩戒措施。比如，学校有权要求学生承担校内公益服务任务，暂停或者限制学生参加游览、校外集体活动及其他外出集体活动，给予不超过一周的停课或者停学，要求家长在家进行教育、管教等。

扩展解读

对学生实施教育惩戒是学校和教师行使教育管理权的重要措施。《中小学教育惩戒规则（试行）》详细明确地规定了应当由谁实施教育惩戒、应当如何实施教育惩戒。教师必须熟知这些界限，不能滥用教育惩戒，也不能超越职权实施教育惩戒。除教师可当场实施的六种教育惩戒外，其他的都必须报告学校，由学校作出决定。

第一，学生违反校规校纪，情节较重或者经当场教育惩戒拒不改正，教师应及时向学校报告。

《中小学教育惩戒规则（试行）》第9条规定，学生违反校规校纪，情节较重或者经当场教育惩戒拒不改正的，学校可以实施教育惩戒。因此，教师应当将此类学生的情况报告给学校，由学校进行处理。学校要对学生的违规失范情况做一个基本调查、分析和判断，确定可适用的教育惩戒措施，并监督教育惩戒的实施，以充分发挥教育惩戒的作用。

第二，小学高年级、初中和高中阶段的学生违规违纪情节严重或者影响恶劣的，教师要及时向学校报告。

《中小学教育惩戒规则（试行）》第10条规定，小学高年级、初中和高中阶段的学生违规违纪情节严重或者影响恶劣的，学校可以实施教育惩戒。小学高年级以上的未成年学生基本上超过八周岁，属于限制民事行为能力人，可以独立实施纯获利益的民事法律行为或者与其年龄、智力相适应的民事法律行为。尤其是初中阶段以上的学生基本年满十二周岁，很多已达到承担刑事责任的最低年龄。当这些学生违规违纪情节严重或者影响恶劣时，必须采取有效措施，对他们的错误思想和不良行为进行矫正，以防止他们走上违法犯罪的道路。

根据《中小学教育惩戒规则（试行）》的规定，在对这类学生实施教育惩戒时，学校可以采取如下措施：给予不超过一周的停课或者停学，要求家长在家进行教育、管教；由法治副校长或者法治辅导员予以训诫；安排专门的课程或者教育场所，由社会工作者或者其他专业人员进行心理辅导、行为干预。对违规违纪情节严重，或者经多次教育惩戒仍不改正的学生，学校还可以给予警告、严重警告、记过或者留校察看的纪律处分。对高中阶段学生，还可以给予开除学籍的纪律处分。除此之外，对有严重不良行为的学生，学校可以按照法定程序，配合家长、有关部门将其转入专门学校教育矫治。

相关规定

《中小学教育惩戒规则（试行）》

第九条　学生违反校规校纪，情节较重或者经当场教育惩戒拒不改正的，学校可以实施以下教育惩戒，并应当及时告知家长：

（一）由学校德育工作负责人予以训导；

（二）承担校内公益服务任务；

（三）安排接受专门的校规校纪、行为规则教育；

（四）暂停或者限制学生参加游览、校外集体活动以及其他外出集体活动；

（五）学校校规校纪规定的其他适当措施。

第十条　小学高年级、初中和高中阶段的学生违规违纪情节严重或者影响恶劣的，学校可以实施以下教育惩戒，并应当事先告知家长：

（一）给予不超过一周的停课或者停学，要求家长在家进行教育、管教；

（二）由法治副校长或者法治辅导员予以训诫；

（三）安排专门的课程或者教育场所，由社会工作者或者其他专业人员进行心理辅导、行为干预。

对违规违纪情节严重，或者经多次教育惩戒仍不改正的学生，学校可以给予警告、严重警告、记过或者留校察看的纪律处分。对高中阶段学生，还可以给予开除学籍的纪律处分。

对有严重不良行为的学生，学校可以按照法定程序，配合家长、有关部门将其转入专门学校教育矫治。

第十一条 学生扰乱课堂或者教育教学秩序，影响他人或者可能对自己及他人造成伤害的，教师可以采取必要措施，将学生带离教室或者教学现场，并予以教育管理。

教师、学校发现学生携带、使用违规物品或者行为具有危险性的，应当采取必要措施予以制止；发现学生藏匿违法、危险物品的，应当责令学生交出并可以对可能藏匿物品的课桌、储物柜等进行检查。

教师、学校对学生的违规物品可以予以暂扣并妥善保管，在适当时候交还学生家长；属于违法、危险物品的，应当及时报告公安机关、应急管理部门等有关部门依法处理。

7 教师有权在教育管理学生时采取应急措施

典型案例

瑞昌六中开展严禁学生携带手机进校园活动[①]

为落实教育部等八部门《综合防控儿童青少年近视实施方案》的文件精神，杜绝学生携带手机进校园现象出现，近日来，瑞昌六中集中开展严禁学生携带手机进校园活动。

各班召开主题班会，让同学们明白手机对青少年成长的危害，不仅浪费宝贵的学习时间，还会影响自己的身心健康，让

① 《瑞昌六中开展严禁学生携带手机进校园活动》，载人民网人民资讯百家号2021年6月29日，https://baijiahao.baidu.com/s?id=1702062501710647145&wfr=spider&for=pc。

自觉远离手机干扰的观念入脑入心；为从源头上减少学生携带手机进校园情况发生，学校在上学时段采取班主任在校门口手持探测仪扫描、分年级集中及重点人群监控等方式展开排查；对于个别学生仍将手机带入学校的，学校进行统一登记保管并通知家长及时取回，极个别特殊情况由学校另作处理。同时，在门卫室为学生设置免费电话，方便他们遇到急要事情时联系家长。

在严查手机进校园的同时，对不良读物等物品也一并进行了清缴，学校此举受到家长们的支持和好评。

要点提示

学生扰乱课堂或者教育教学秩序，影响他人或者可能对自己及他人造成伤害的，教师可以采取必要措施，将学生带离教室或者教学现场，并予以教育管理。教师发现学生携带、使用违规物品或者行为具有危险性的，应当采取必要措施予以制止；发现学生藏匿违法、危险物品的，应当责令学生交出并可以对可能藏匿物品的课桌、储物柜等进行检查。教师发现违法、危险物品的，应当及时报告公安机关、应急管理部门等有关部门依法处理。教师在发现学生携带、使用违规物品或者行为具有危险性，自己难以处理的，要及时向学校报告。

扩展解读

《中小学教育惩戒规则（试行）》赋予教师在教育管理学生时采取应急措施的职责，主要分为“可以采取必要措施”和

“必须采取必要措施”两种。

第一，对影响他人或者可能对自己及他人造成伤害的，教师可以采取必要措施。

教师可以为维护课堂或者教育教学秩序采取必要措施。《中小学教育惩戒规则（试行）》第11条第1款规定：“学生扰乱课堂或者教育教学秩序，影响他人或者可能对自己及他人造成伤害的，教师可以采取必要措施，将学生带离教室或者教学现场，并予以教育管理。”当学生在学校学习过程中行为失范时，由教师视情节决定将涉事学生带离教室或者教学现场。一方面，能够恢复教学秩序，使教育教学继续进行，防止涉事学生继续影响其他学生；另一方面，也可以通过约束涉事学生，防止其对自己及他人造成伤害。

第二，对学生携带、使用违禁物品必须采取必要措施。

教师必须采取必要措施制止学生携带、使用违规物品或者实施具有危险性的行为，这是出于保护全体师生安全、维护学校秩序的考虑。《突发事件应对法》第11条第2款规定，“公民、法人和其他组织有义务参与突发事件应对工作”，第22条规定，“所有单位应当建立健全安全管理制度，定期检查本单位各项安全防范措施的落实情况，及时消除事故隐患”。根据《中小学教育惩戒规则（试行）》第11条第2款的规定，教师、学校发现学生携带、使用违规物品或者行为具有危险性的，应当采取必要措施予以制止；发现学生藏匿违法、危险物品的，应当责令学生交出并可以对可能藏匿物品的课桌、储物柜等进行检查。这赋予教师两方面的职权：一方面，发现学生携带、使用违规物品或行为具有危险性的，必须采取必要措施予以制止，以免对学生自己或者他人造成伤害；另一方面，在“发现学生藏匿违法、危险物品”的情况下，教师、学校必须及时处理，有权责令学生交出，而且可以对可能藏匿物品的学生课桌、储物柜等进行检查。

需要指出的是，对于社会危害性不同的物品，教师要采取不同的措施：对于危害性不大的违规物品，对学生进行处理后交还学生家长即可。对于具有严重社会危害性的违法、危险物品，必须报告给公安机关、应急管理部门等有关部门依法处理，而不能擅作处置，否则将对发生的危害后果承担相应的法律责任。当然，教师发现学生携带、使用违规物品或者行为具有危险性，自己难以处理的，要及时向学校报告，由学校安排处理。

相关规定

《中小学教育惩戒规则（试行）》

第十一条　学生扰乱课堂或者教育教学秩序，影响他人或者可能对自己及他人造成伤害的，教师可以采取必要措施，将学生带离教室或者教学现场，并予以教育管理。

教师、学校发现学生携带、使用违规物品或者行为具有危险性的，应当采取必要措施予以制止；发现学生藏匿违法、危险物品的，应当责令学生交出并可以对可能藏匿物品的课桌、储物柜等进行检查。

教师、学校对学生的违规物品可以予以暂扣并妥善保管，在适当时候交还学生家长；属于违法、危险物品的，应当及时报告公安机关、应急管理部门等有关部门依法处理。

8 教师不得以教育惩戒为名实施的八种行为

典型案例

小学生忘带试卷被罚跪[①]

西部网、陕西广播电视台2018年1月25日报道，近日，李先生突然得知，自己的孩子在学校被老师体罚，而且体罚的方式竟是让孩子跪在讲台前。用下跪这样的方式处罚学生，李先生难以理解。那么，孩子到底犯了多大的错会令老师如此动怒呢？李先生再三询问后才得知，因为在当天的数学课上，强强等三名学生将老师教学要用到的试卷落在了家里，于是被老师要求罚站，而后罚跪。处理此事的学校副校长表示确有此事，并诚恳地向家长道了歉，虽然没有见到体罚学生的数学老师，但校长表示老师本人已经意识到了问题的严重性。表面上看，被伤害的是个别学生，但老师的行为造成的负面影响，可能还涉及那些目睹了全过程的其他孩子。校方表示，他们会尽快安排心理疏导。对这位老师的处罚，也会立刻提上日程。

要点提示

教师不得以教育惩戒为名实施的八种行为是：（一）以击打、刺扎等方式直接造成身体痛苦的体罚；（二）超过正常限度

① 《小学生忘带试卷被罚跪　校方：将处罚涉事教师》，载西部网、陕西广播电视台2018年1月25日，澎湃新闻转载http://www.thepaper.cn/newsDetail_forward_1967558。

的罚站、反复抄写，强制做不适的动作或者姿势，以及刻意孤立等间接伤害身体、心理的变相体罚；（三）辱骂或者以歧视性、侮辱性的言行侵犯学生人格尊严；（四）因个人或者少数人违规违纪行为而惩罚全体学生；（五）因学业成绩而教育惩戒学生；（六）因个人情绪、好恶实施或者选择性实施教育惩戒；（七）指派学生对其他学生实施教育惩戒；（八）其他侵害学生权利的。

扩展解读

为防止教师、学校滥用教育惩戒权，《中小学教育惩戒规则（试行）》规定了禁止教师以教育惩戒为名实施的八种行为，为教师设定了不可触碰的“红线”。

第一种是以击打、刺扎等方式直接造成身体痛苦的体罚。

体罚严重侵害了学生的身体权、健康权，极易让学生产生厌学情绪和逆反心理，并会造成学生自卑、自残、自杀等严重后果。这些击打、刺扎等方式违背了教育的初心，很可能构成违法犯罪。

第二种是超过正常限度的罚站、反复抄写，强制做不适的动作或者姿势，以及刻意孤立等间接伤害身体、心理的变相体罚。

《中小学教育惩戒规则（试行）》明确教师可以对行为失范的学生处以一节课堂教学时间内的罚站，如果超出这个限度，就涉嫌变相体罚了。处罚学生进行无意义的反复抄写，与正常教学要求学生订正和背诵有很大的区别，也属于变相体罚。而强制学生做蹲马步、下跪等不适的动作或者姿势，也是明显的变相体罚。刻意孤立也会给学生造成巨大的心理压力，同样受到禁止。

第三种是辱骂或者以歧视性、侮辱性的言行侵犯学生人格尊严。

学生的人格尊严不容侵犯，教师辱骂学生以及歧视性、侮辱性的言行可能会导致学生自我认知低下，容易产生自卑心理，并且会对其他学生造成错误导向。因此，严禁教师辱骂或者以歧视性、侮辱性的言行侵犯学生人格尊严。

第四种是因个人或者少数人违规违纪行为而惩罚全体学生。

这种牵连其他学生的“连坐”，可能会让被牵连的学生对犯错的学生产生怨恨，进而引发冲突；也可能引发学生们的集体抵触，与教师形成对立，恶化师生关系。

第五种是因学业成绩而教育惩戒学生。

教育惩戒实施的对象是那些违规违纪的学生，学业成绩仅反映了学生的学习能力、学习状态等，学业成绩差不并代表其违反了纪律。因此，教师不得因学业成绩而教育惩戒学生。

第六种是因个人情绪、好恶实施或者选择性实施教育惩戒。

在实际教育教学中，极个别教师会因为“当天心情不好”或者“不喜欢某位同学”而随意性、有针对性地实施教育惩戒，这严重背离了教育的初衷。这种情绪化、好恶型、选择性的教育惩戒，会让学生因不能适应而不知所措或者为了适应而投机取巧，也根本达不到教育学生的目的，因此严禁教师因个人情绪、好恶实施或者选择性实施教育惩戒。

第七种是指派学生实施教育惩戒。

教育惩戒是学校、教师依法履行教育教学和管理职责的一种手段，是指学校、教师基于教育目的，对违规违纪学生进行管理、训导或者以规定方式予以矫治，促使学生引以为戒、认识和改正错误的教育行为。学生既不具有这种教育管理的职责，也不具备相应能力，指派学生实施教育惩戒不仅不能起到教育的效果，反而容易激化师生矛盾，因此被明确禁止。

第八种是其他侵害学生权利的教育惩戒。

本项是兜底条款，对其他侵害学生权利的情形进行了概括性表述。

相关规定

《中小学教育惩戒规则（试行）》

第十二条　教师在教育教学管理、实施教育惩戒过程中，不得有下列行为：

（一）以击打、刺扎等方式直接造成身体痛苦的体罚；

（二）超过正常限度的罚站、反复抄写，强制做不适的动作或者姿势，以及刻意孤立等间接伤害身体、心理的变相体罚；

（三）辱骂或者以歧视性、侮辱性的言行侵犯学生人格尊严；

（四）因个人或者少数人违规违纪行为而惩罚全体学生；

（五）因学业成绩而教育惩戒学生；

（六）因个人情绪、好恶实施或者选择性实施教育惩戒；

（七）指派学生对其他学生实施教育惩戒；

（八）其他侵害学生权利的。

9 教师在教育惩戒后应当注重与学生的沟通和帮扶

典型案例

扬州市育才小学制定办法要求老师对学生实施教育惩戒后要注重与学生的沟通和帮扶[①]

《现代快报》报道，2021年3月24日，从扬州市育才小学东区校获悉，目前该校颁布了具有本校特色的《育才小学东区校教育惩戒条例试行办法（讨论稿）》（以下简称《办法》）。“惩戒的目的是教育。”该校校长赵华表示，《办法》给老师“撑腰”，但更多的是划了“红线”。学校非常重视教育惩戒后续工作：“教育惩戒尺度与温度都不可少，我们允许孩子犯错，也给予孩子改正的机会。”老师对学生实施教育惩戒后，要注重与学生的沟通和帮扶，对改正错误的学生及时予以表扬、鼓励。学生受到教育惩戒或者纪律处分后，能够诚恳认错、积极改正的，可以提前解除教育惩戒或者纪律处分。

要点提示

教育惩戒只是一种教育措施，对那些违规违纪的学生，教师不能只是简单粗暴地使用教育惩戒措施，即使确有必要实施教育惩戒的，也要做好说理、沟通、帮扶、教育工作。对于那

① 《站立、课后教导……扬州一小学出台校本“教育惩戒办法”》，载《现代快报》企鹅号2021年3月24日，https://new.qq.com/rain/a/20210324A0BYM700。

些坚持不认同教师以及学校对其实施的教育惩戒措施的学生，要支持其向学校反映或者申诉。对向学校以及教育行政部门申诉的学生及其家长，不能打击报复。

扩展解读

教育惩戒的目的是让违规违纪、行为失范的学生，改正错误，走向正轨。在实施教育惩戒过程中，教师要注重与学生的沟通和帮扶，使其真正认识到错误并积极改正。

第一，教育惩戒只是一种教育措施，在对学生进行教育惩戒的同时，要加强与他们的沟通和帮扶。

对那些违规违纪、行为失范的学生，教师不能只是简单粗暴地使用教育惩戒措施，即使确有必要实施教育惩戒的，也要做好说理、沟通、帮扶工作，让被惩戒学生知道自己错在哪里、应该怎么改。教师对认真接受教育、积极改正错误的学生要及时进行正面引导，予以表扬和鼓励。必要时，教师可以配合学校，会同学校法治副校长（辅导员），法律以及心理、社会工作等方面的专业人员组成辅导小组，对有需要的学生进行专门的心理辅导、行为矫治，通过帮扶，让这些学生更快地回归正常生活学习的轨道。

第二，对于那些坚持不认同教师、学校对其实施的教育惩戒措施的，要支持其进行申诉。

对向学校以及教育行政部门申诉的学生及其家长，教师不能打击报复，而是要尊重其陈述权、申辩权。一方面，学校和教师要充分尊重学生的表达权，学生及其家长有权陈述事实并进行辩解。另一方面，学校和教师要坚决反对受惩戒学生及家长非法“校闹”，引导他们通过合法合理的方式申诉。如果发现教师、学校在实施教育惩戒过程中确实存在问题的，则应当及时纠正，有效缓和化解家校纠纷和师生矛盾。

相关规定

《中小学教育惩戒规则（试行）》

第十三条 教师对学生实施教育惩戒后，应当注重与学生的沟通和帮扶，对改正错误的学生及时予以表扬、鼓励。

学校可以根据实际和需要，建立学生教育保护辅导工作机制，由学校分管负责人、德育工作机构负责人、教师以及法治副校长（辅导员）、法律以及心理、社会工作等方面的专业人员组成辅导小组，对有需要的学生进行专门的心理辅导、行为矫治。

第五章

对教师防治学生欺凌的要求

作为活泼好动的未成年人，学生之间嬉戏打闹是常见行为，但是其中也可能存在欺凌行为。学生欺凌并不都是明显的身体暴力伤害行为，言行侮辱、社交孤立也会构成欺凌。学生欺凌行为会对被欺凌者及其他学生造成身体和心理伤害。国家高度重视防治学生欺凌行为，教师应当认真履行职责，有效预防学生欺凌行为的发生，对已经发生的欺凌行为进行有效处理。

1 教师应当准确理解学生欺凌

典型案例

山东省微山县一名十三岁女生遭其他学生辱骂殴打[①]

澎湃新闻报道，网传一段视频显示，一女生被多名女生威胁下跪并被踹倒在地，此过程中，被迫下跪女生还遭遇扇耳光、强迫吸烟和泼水等恶劣行为。据了解，2018年10月，蒲某（女，十三岁，县第二实验中学学生）与安某（女，十五岁，原实验中学学生）发生口角。10月6日，安某召集徐某（女，十二岁，县实验中学学生），罗某（女，十二岁，县实验中学学生），秦某（女，十四岁，县第二实验中学学生），邓某（女，十四岁，县第二实验中学学生）四人将蒲某带到城后路爱国街23号小巷内，对蒲某进行殴打、辱骂。事后，蒲某由于恐慌害怕，未告知家长及学校，也未选择报警。15日，微山县网信部门工作人员告诉澎湃新闻，警方获悉上述视频后，介入调查核实，对打人者给予了批评教育。由于打人者均不满十六岁，未达到刑事

---

① 《山东微山县通报13岁女生遭辱骂殴打事件：已批评教育打人者》，载澎湃新闻百家号2018年10月15日，https://baijiahao.baidu.com/s?id=1614396810799553807&wfr=spider&for=pc。

责任年龄，但会将打人行为记入个人档案。

要点提示

《未成年人学校保护规定》第21条第2款规定，学生之间，在年龄、身体或者人数等方面占优势的一方蓄意或者恶意对另一方实施前款行为，或者以其他方式欺压、侮辱另一方，造成人身伤害、财产损失或者精神损害的，可以认定为构成欺凌。学生欺凌的本质是以强凌弱。欺凌行为虽然未必造成身体直接伤害，但对被欺凌的学生甚至旁观者的心理往往都会造成损害。所以，学生欺凌并不一定达到违法犯罪的程度，对那些并不明显的尚未达到违法犯罪程度的欺凌，学校及教师也要高度重视。

扩展解读

近年来，随着新闻媒体对学生欺凌事件的持续曝光，学生欺凌问题逐步走进大众视野。但是，现实中人们对什么是学生欺凌还有很多误解，家长和学校往往对是否属于学生欺凌存在不同的认识，以至于出现了激烈的家校矛盾。在对学生欺凌行为进行认定时，有五个要点需要教师重点注意：

第一，学生欺凌是发生在学生之间的，而不是教师与学生之间。

新修订的《未成年人保护法》和教育部的《未成年人学校保护规定》均对“学生欺凌”的概念和具体表现形式作出了规定。学生欺凌首先发生在学生之间，专指学生欺凌学生的行为，这种欺凌行为可能是行为暴力，也可能是语言暴力等。而在校园中，教师对学生实施惩罚措施过度以及发生在教师和学生之间的其他纠纷则不属于“学生欺凌”。

第二，实施欺凌的学生往往具有一定的优势。

实施欺凌的学生可能会倚仗年龄、体能、家庭背景等条件，或者因在人数上比被欺凌的学生要多，通过这些优势形成一种不平等的态势，具有“以大欺小、以多欺少、以强凌弱”的特性。

第三，实施欺凌的学生其主观是恶意的，这是认定学生欺凌的关键。

欺凌者实施欺凌行为不是出于偶然或无意，而是有勒索财物、教训某人等明确目的或者以欺凌别人为乐、宣示力量等恶意动机，而且常常表现为针对特定被欺凌学生的欺凌。如果是同学之间出于玩笑目的的推搡，或者玩乐中的你追我赶、小打小闹，即使可能会造成同学的人身或者心理伤害，但是因为没有主观上意欲欺凌的故意，则不能认定为“学生欺凌”。

第四，实施的行为表现形式具有多样性。

《未成年人学校保护规定》第21条规定了六种具体情形：一是身体欺凌，即殴打、脚踢、掌掴、抓咬、推撞、拉扯等侵犯他人身体或者恐吓威胁他人；二是语言欺凌，即以辱骂、讥讽、嘲弄、挖苦、起侮辱性绰号等方式侵犯他人人格尊严；三是财物欺凌，即抢夺、强拿硬要或者故意毁坏他人财物；四是社交欺凌，即恶意排斥、孤立他人，影响他人参加学校活动或者社会交往；五是网络欺凌，即通过网络或者其他信息传播方式捏造事实诽谤他人、散布谣言或者错误信息诋毁他人、恶意传播他人隐私；六是其他形式的欺凌，即以其他方式欺压、侮辱另一方，造成人身伤害、财产损失或者精神损害的行为。

第五，给被欺凌学生造成了人身、财产、精神损害的后果。

欺凌行为往往造成被欺凌者的人身伤害、财产损失或者精神损害。教师可通过学生的异常表现来初步判断其是否遭受欺凌，如被欺凌者不敢上学，不敢上厕所或者情绪消极、沉默等。需要指出的是，行为不一定要到非常严重的程度才算是校园欺凌，有一些行为即使没有造成严重后果，但其仍然有可能是校园欺凌，教师同样应予以重视。

相关规定

《未成年人保护法》

第三十九条 学校应当建立学生欺凌防控工作制度，对教职员工、学生等开展防治学生欺凌的教育和培训。

学校对学生欺凌行为应当立即制止，通知实施欺凌和被欺凌未成年学生的父母或者其他监护人参与欺凌行为的认定和处理；对相关未成年学生及时给予心理辅导、教育和引导；对相关未成年学生的父母或者其他监护人给予必要的家庭教育指导。

对实施欺凌的未成年学生，学校应当根据欺凌行为的性质和程度，依法加强管教。对严重的欺凌行为，学校不得隐瞒，应当及时向公安机关、教育行政部门报告，并配合相关部门依法处理。

《未成年人学校保护规定》

第二十一条 教职工发现学生实施下列行为的，应当及时制止：

（一）殴打、脚踢、掌掴、抓咬、推撞、拉扯等侵犯他人身体或者恐吓威胁他人；

（二）以辱骂、讥讽、嘲弄、挖苦、起侮辱性绰号等方式侵犯他人人格尊严；

（三）抢夺、强拿硬要或者故意毁坏他人财物；

（四）恶意排斥、孤立他人，影响他人参加学校活动或者社会交往；

（五）通过网络或者其他信息传播方式捏造事实诽谤他人、散布谣言或者错误信息诋毁他人、恶意传播他人隐私。

学生之间，在年龄、身体或者人数等方面占优势的一方蓄意或者恶意对另一方实施前款行为，或者以其他方式欺压、侮辱另一方，造成人身伤害、财产损失或者精神损害的，可以认定为构成欺凌。

第二十二条　教职工应当关注因身体条件、家庭背景或者学习成绩等可能处于弱势或者特殊地位的学生，发现学生存在被孤立、排挤等情形的，应当及时干预。

教职工发现学生有明显的情绪反常、身体损伤等情形，应当及时沟通了解情况，可能存在被欺凌情形的，应当及时向学校报告。

学校应当教育、支持学生主动、及时报告所发现的欺凌情形，保护自身和他人的合法权益。

2 教师应当了解学生欺凌的常见形式

典型案例

法院执结宁德某学校欺凌案件[①]

东南网报道，2020年8月，宁德市蕉城区人民法院执结一起因学生欺凌引起的侵权纠纷执行案。打人学生阮某、林某及其父母赔偿黄某经济损失35495.34元，并当面向受害人黄某积极赔礼道歉，双方握手言和。法院经查明，申请执行人黄某与被执行人阮某、林某系同校同学。在校学习期间，黄某无故遭到阮某、林某殴打，还被他们用烟头烫伤导致住院治疗。黄某报案后，阮某被处以行政拘留五日，但因其未满十六周岁，公安机关决定不予执行。此后，黄某向法院提起诉讼，法院依法判决阮某、林某及其父母赔偿黄某经济损失35495.34元，并责令被告方登报公开赔礼道歉。可阮某、林某及其父母却逾期未履行法院生效判决所确定的义务，黄某遂到法院申请执行。执行中，法院积极联系被执行人阮某、林某父母，多次组织双方协商，向其释法明理，并对其子女的行为予以批评教育，同时促使其积极主动履行义务。最终，在承办法官的主持下，被执行人阮某、林某及其父母履行了全部赔偿义务。

① 《宁德某学校发生欺凌案件　打人学生赔三万多当面赔礼道歉》，载东南网2020年8月26日，http://nd.fjsen.com/2020-08/26/content_30458486.htm。

要点提示

教育部在《未成年人学校保护规定》中明确列举了六种常见的欺凌形式：（一）殴打、脚踢、掌掴、抓咬、推撞、拉扯等侵犯他人身体或者恐吓威胁他人；（二）以辱骂、讥讽、嘲弄、挖苦、起侮辱性绰号等方式侵犯他人人格尊严；（三）抢夺、强拿硬要或者故意毁坏他人财物；（四）恶意排斥、孤立他人，影响他人参加学校活动或者社会交往；（五）通过网络或者其他信息传播方式捏造事实诽谤他人、散布谣言或者错误信息诋毁他人、恶意传播他人隐私；（六）以其他方式欺压、侮辱另一方，造成人身伤害、财产损失或者精神损害的。

扩展解读

教师在教育管理过程中，要认清学生之间发生欺凌的外在表现。上述规定的六类行为可分为以下几种类型。

第一类是身体欺凌。

学生殴打、脚踢、掌掴、抓咬、推撞、拉扯等侵犯他人身体或者恐吓威胁他人的，属于身体欺凌。身体欺凌一般表现为一个或多个学生对其他学生进行殴打、人身攻击，有明显的以强凌弱的特点。

身体欺凌是最常见的欺凌，其并不一定造成身体明显的伤害。换句话来说，并不能以是否造成身体流血受伤甚至达到法律意义上的轻微伤、轻伤标准来衡量是否构成身体欺凌。身体欺凌的表现形式很多，教师在教育管理过程中，应正确界定身体欺凌行为，充分保护受害学生的权益。

第二类是语言欺凌。

学生以辱骂、讥讽、嘲弄、挖苦、起侮辱性绰号等方式侵犯他人人格尊严，属于语言欺凌。语言欺凌在现实生活中较为常见，那些羞辱性的语言给被欺凌学生造成了很大伤害。北京青少年法律援助与研究中心曾经接到一个中学生的咨询，他说："在学校里，每天有个同学当众走到我面前，在离我的脸有一厘米时，他会对着我的脸骂道：'你个狗××！'然后会和旁边的一群人一起哈哈大笑，他们边笑边叫：'狗××！'那人看我没反应十分得意，他以为我怕他，他还在背后跟每个同学都说了叫我'狗××'之类取乐的话！我现在一闭眼耳朵就嗡嗡地响，想到他们嘲笑、侮辱我的表情，我就十分痛苦、生气！"很显然，"狗××"这种带有明显侮辱性的话已经给这位中学生造成了严重伤害。

第三类是财物欺凌。

学生抢夺、强拿硬要或者故意毁坏他人财物的，属于财物欺凌。财物欺凌通常包括对学生进行敲诈勒索、抢劫、抢夺财物、收"保护费"、毁坏或者恶意占用财物等。在实践中，收"保护费"的案件最常见，很多校园欺凌案件都是因校园内高年级学生向低年级学生收"保护费"而引起，有的学生甚至联合校外人员一起收"保护费"。安徽省蚌埠市怀远县某小学副班长小J从小学二年级就开始要求同学定期向他交"保护费"，如果不给钱，就要被逼吃屎喝尿。十二岁的小强经常从家里偷拿钱"进贡"给小J，有的孩子从家里一次就拿了4000元，据说学生被迫吃喝秽物的情节多次发生。数年来，小J从开始的要零食逐步演变为要钱，学生们在内心深处已默认服从，尽管小J比班上大多数学生都要矮一些。

其他财物欺凌的表现形式还有：以某事威胁索要封口费，变相索要赔偿金，以“车费”“辛苦费”等各种名义强行索要费用，拍裸照勒索钱财，搜身抢夺手机等。

第四类是社交欺凌。

社交欺凌，通常是指对被欺凌学生进行孤立、团体排挤或者集体隔绝。学生恶意排斥、孤立他人，影响他人参加学校活动或者社会交往，会给被欺凌学生造成极大的心理压力，属于社交欺凌的一种。社交欺凌通常通过操控群体来达到欺凌的目的。例如，学生遭到其他在校学生的排挤，被刻意孤立，不让其参加集体活动等。

例如,《中国新闻周刊》在一项有关校园欺凌的调查中采访了一名女生，该女生表示：小学时，班里有一名女生，同学都认为她很“假”。随后班上多数女生结成一派将其孤立，故意不带她玩。这种多数学生结成团体将班上同学孤立的情况就是一种社交欺凌。

第五类是网络欺凌。

学生通过网络或者其他信息传播方式捏造事实诽谤他人、散布谣言或者错误信息诋毁他人、恶意传播他人隐私，就属于网络欺凌。网络欺凌通常包括通过手机短信、电子邮件、微信、博客、论坛等媒介散播谣言、中伤等攻击行为。随着网络的普及，网络欺凌的形式越来越常见，而且比较隐蔽，老师不容易觉察。网络攻击行为发生的场所和时间往往没有界限，可以发生在学校、家中甚至一切可以利用网络的地方，时间上可以在上学期间也可以在非校内期间。

网络上持续集中的攻击、谩骂、威胁会给学生造成严重伤害，有的甚至会因此患上精神疾病或者抑郁症，甚至可能自杀等。广东斗门一名十五岁初中男生小金，因被怀疑在网吧偷拿了同学的打火机，被四名同学强迫裸露下体并将全程拍摄上传网络。小金知道该视频在网上传播后，精神受到严重创伤，常常有被害妄想等表现。在家人的陪同下，小金选择报警，但他并未因此好转，之后反而越来越冲动和反常，常常做噩梦和哭泣、无故破坏贵重物品、将开水和垃圾倒到床上、无故打骂弟弟等。最终小金被诊断为儿童精神分裂症，从此失学。

网络欺凌常表现为现实欺凌的延续或者是其中的组成部分，如一些欺凌者将殴打或者拍裸照的视频传播到网络上，供多人观看。漳州市初一年级一名女生被朋友从学校带到户外，遭到共六名年龄相仿的女生围殴，还被迫拍了裸照。在短短的两个小时内，QQ照片就已经被转发了将近300次。上传的照片显示这名少女被人揪着头发，上衣已经被解开，黑色背心也被拽了下来，还有人在一旁拉扯着她的内裤，这次欺凌事件给这名女生造成了难以磨灭的伤痛。

从已经发生的真实案例来看，上面列举的这些形式通常不是单一出现的，往往是几种方式组合实施，如通过殴打、谩骂或者强迫、威胁吃屎喝尿、勒索财物等，先聚众殴打之后再进行猥亵，并将猥亵的视频通过网络上传等。事实上，如果老师仔细观察被欺凌学生的精神以及情绪变化，及时和家长沟通，对于学生欺凌，是能够及时发现并加以预防的。

第六类是以其他方式欺压、侮辱另一方，造成人身伤害、财产损失或者精神损害。

本项是兜底条款，对上述五项中没有明确的情形进行了概括性表述。这里特别需要注意的就是性欺凌。性欺凌的表现形式主要有：扒上衣、内衣，裸露下体，强行把脱衣服的过程拍成视频或裸照等。

相关规定

《刑法》

第十七条　已满十六周岁的人犯罪，应当负刑事责任。

已满十四周岁不满十六周岁的人，犯故意杀人、故意伤害致人重伤或者死亡、强奸、抢劫、贩卖毒品、放火、爆炸、投放危险物质罪的，应当负刑事责任。

已满十二周岁不满十四周岁的人，犯故意杀人、故意伤害罪，致人死亡或者以特别残忍手段致人重伤造成严重残疾，情节恶劣，经最高人民检察院核准追诉的，应当负刑事责任。

对依照前三款规定追究刑事责任的不满十八周岁的人，应当从轻或者减轻处罚。

因不满十六周岁不予刑事处罚的，责令其父母或者其他监护人加以管教；在必要的时候，依法进行专门矫治教育。

《治安管理处罚法》

第十二条　已满十四周岁不满十八周岁的人违反治安管理的，从轻或者减轻处罚；不满十四周岁的人违反治安管理的，不予处罚，但是应当责令其监护人严加管教。

第十九条　违反治安管理有下列情形之一的，减轻处罚或者不予处罚：

（一）情节特别轻微的；

（二）主动消除或者减轻违法后果，并取得被侵害人谅解的；

（三）出于他人胁迫或者诱骗的；

（四）主动投案，向公安机关如实陈述自己的违法行为的；

（五）有立功表现的。

第四十三条 殴打他人的，或者故意伤害他人身体的，处五日以上十日以下拘留，并处二百元以上五百元以下罚款；情节较轻的，处五日以下拘留或者五百元以下罚款。

有下列情形之一的，处十日以上十五日以下拘留，并处五百元以上一千元以下罚款：

（一）结伙殴打、伤害他人的；

（二）殴打、伤害残疾人、孕妇、不满十四周岁的人或者六十周岁以上的人的；

（三）多次殴打、伤害他人或者一次殴打、伤害多人的。

《未成年人学校保护规定》

第二十一条 教职工发现学生实施下列行为的，应当及时制止：

（一）殴打、脚踢、掌掴、抓咬、推撞、拉扯等侵犯他人身体或者恐吓威胁他人；

（二）以辱骂、讥讽、嘲弄、挖苦、起侮辱性绰号等方式侵犯他人人格尊严；

（三）抢夺、强拿硬要或者故意毁坏他人财物；

（四）恶意排斥、孤立他人，影响他人参加学校活动或者社会交往；

（五）通过网络或者其他信息传播方式捏造事实诽谤他人、散布谣言或者错误信息诋毁他人、恶意传播他人隐私。

学生之间，在年龄、身体或者人数等方面占优势的一方蓄意或者恶意对另一方实施前款行为，或者以其他方式欺压、侮辱另一方，造成人身伤害、财产损失或者精神损害的，可以认定为构成欺凌。

3 教师应当充分发挥学生在防治欺凌中的作用

典型案例

河南省驻马店市一高举行2021年春季学期学生干部培训会[①]

中国公益记录者在线报道，为了使河南省驻马店市一高学生干部进一步明确工作开展的方向，增强其责任意识、大局意识，提高学生干部的组织管理能力和创新实践能力，从而在学校管理工作中发挥更大的作用，政教处于2021年3月31日晚在科技楼十楼举办了2021年学生干部培训会。政教处负责人、年级负责学生工作的老师、全体学生干部参加了培训会。政教处副主任对本学期的安全教育进行了安排，学校已经扎实进行了预防学生欺凌、交通安全教育，本周重点进行预防溺水教育，

① 《河南省驻马店市一高举行2021年春季学期学生干部培训会》，载中国公益记录者在线百家号2021年4月1日，https://baijiahao.baidu.com/s?id=1695831126000856772&wfr=spider&for=pc。

之后会持续进行食品安全、预防诈骗、紧急避险、消防安全等安全教育。同时对纪律卫生工作、学生违纪处分情况进行了通报。

要点提示

没有学生的参与，就很难及时发现、有效解决学生欺凌问题。教师要选聘、推荐那些有正义感、有管理能力的学生担任班级以及学生会、少代会、共青团等学生组织的干部，并要支持学生干部在日常学习、生活中及时发现、调解一些情节轻微的欺凌言行，将情节或者后果较为严重的欺凌事件及时报告给教师。

扩展解读

学生欺凌事件的处置以学校和教师为主，但是如果没有学生的积极参与，将很难及早发现并有效预防欺凌事件的发生。

第一，要发挥学生在学生欺凌事件处置中的重要作用。

《未成年人学校保护规定》规定，学校应当教育、支持学生主动、及时报告所发现的欺凌情形，保护自身和他人的合法权益。一方面，学生可以及时提供学生欺凌的信息。学生之间朝夕相处，更加了解彼此，有些学生欺凌事件就发生在学生身边，一些学生目睹之后不知所措而默不作声；而有些被欺凌学生出于某些原因，只愿意告诉自己的同学、朋友，不愿意告诉教师。教师必须密切联系学生，发挥学生“信号弹”和“消息树”的作用，将防治学生欺凌的阵地向前延伸。另一方面，学生可以及时阻止身边学生欺凌事件的发生。在有学生被欺凌时，如果有正义感强的学生及时出面干预，学生欺凌可能就不会发生。所以，教师要特别注重对学生的教育和培训，充分发挥他们的作用，使其成为防治学生欺凌的主要力量之一。

第二，要积极推动学生参与学生欺凌事件处置。

一是教师可以选拔具有较强人际沟通和协调能力的学生代表参与组建学生欺凌防治小组。学生代表的职责是关注校园内外的欺凌情况，及时阻止轻微的欺凌事件，帮助实施欺凌的学生和遭到欺凌的学生恢复正常的同伴关系等。教师要定期对小组中的学生代表进行人际沟通技巧和协调能力方面的指导，当严重的欺凌事件发生时，让学生代表能够为受到欺凌的同学提供学习、人际交往等方面的支持和帮助。二是教师要加强对学生代表的引导。对学生代表进行专业培训，尤其是让学生代表清晰认识和熟练掌握学生欺凌的定义、具体表现及认定方法，及时发现并干预学生欺凌行为，同时报告给教师。通过组织对典型学生欺凌事件个案进行分析，加强学生代表识别干预学生欺凌的专业水平。三是教师还要加强对学生代表的管理。对学生代表在发现干预学生欺凌中存在的问题和不足及时进行指导。对学生代表参与学生欺凌或者实施欺凌的，要及时予以罢免，并给予严厉批评。

相关规定

《未成年人学校保护规定》

第二十条　学校应当教育、引导学生建立平等、友善、互助的同学关系，组织教职工学习预防、处理学生欺凌的相关政策、措施和方法，对学生开展相应的专题教育，并且应当根据情况给予相关学生家长必要的家庭教育指导。

第二十二条第三款 学校应当教育、支持学生主动、及时报告所发现的欺凌情形，保护自身和他人的合法权益。

第四十五条 学校在作出与学生权益有关的决定前，应当告知学生及其家长，听取意见并酌情采纳。

学校应当发挥学生会、少代会、共青团等学生组织的作用，指导、支持学生参与权益保护，对于情节轻微的学生纠纷或者其他侵害学生权益的情形，可以安排学生代表参与调解。

4 教师应当加强对防治学生欺凌的宣传教育

典型案例

黑龙江省一小学组织教师开展防治学生欺凌宣传教育[①]

《潇湘晨报》教育信息速报2021年4月27日报道，黑龙江省大兴安岭呼玛县三卡乡中心小学深入开展预防学生欺凌主题宣传教育活动。在主题班会课上，各班班主任利用多媒体实例直观地展示了学生欺凌给受害者带来的伤害及严重后果，向学生讲解了有关学生欺凌、校园暴力的常识。学生的哪些行为属于学生欺凌？学生欺凌会造成哪些危害？当遭遇学生欺凌、暴力

---

① 《杜绝学生欺凌　共建平安校园——三卡乡中心校深入开展预防“学生欺凌”主题宣传教育活动》，载《潇湘晨报》教育信息速报百家号2021年4月27日，https://baijiahao.baidu.com/s?id=1698180316035858956&wfr=spider&for=pc。

时该如何应对等。在讲解了有关学生欺凌、暴力的常识后，班主任们还进一步强调了构建平安和谐校园的重要性。当好朋友受人欺负的时候，要学会选择正确的方法帮助他，不以暴制暴，做一个遵纪守法的好学生。

要点提示

通过课堂教学、专题讲座、班团队会、主题活动等多种形式，提高学生对欺凌和暴力行为严重危害性的认识，增强自我保护意识和能力。教师要充分认识到自身言行对学生的示范作用，不欺负、歧视那些家庭经济遇到困难、学习成绩较差、性格内向的学生，教育、引导学生建立平等、友善、互助的同学关系。

扩展解读

学校和教师要做好学生欺凌防治工作，重在宣传，贵在预防，严在处置。必须多措并举，群防群治，才能达到良好效果，让学生欺凌远离校园和学生。

第一，学生欺凌危害极大，要加大宣传力度。

《未成年人学校保护规定》明确，应当教育、引导学生建立平等、友善、互助的同学关系，组织教职工学习预防、处理学生欺凌的相关政策、措施和方法，对学生开展相应的专题教育，并且应当根据情况给予相关学生家长必要的家庭教育指导。学生欺凌严重威胁着被欺凌学生的身心健康和财产安全。还有学生因为曾被欺凌而成为欺凌者，有学生一辈子都无法走出曾经被欺凌的阴影，终生生活于恐惧之中，更有学生因为被欺凌而自杀。因此，要通过课堂教学、专题讲座、班团队会、主题班会、模拟法庭、文艺汇演等方式，提高学生对欺凌和暴力行为严重危害性的认识，增强自我保护意识和能力。

第二，邀请法治辅导员、法治副校长等专业人士参与防治欺凌教育。

学生欺凌可能会涉及未成年人违法犯罪和教育矫治，教师擅长教育教学，但可能对专业法律知识并不是十分了解。而法治辅导员、法治副校长一般都由具有法律专业背景的法院、检察院、公安机关、司法行政部门工作人员以及律师等担任，可以参与到学生法治教育、对学生欺凌事件的处理、学校周边治安秩序整治、保护师生合法权益等相关工作中来。教师要与校外法治辅导员、法治副校长建立联系，邀请他们积极主动开展以防治学生欺凌为主题的法治教育，提升学生防范欺凌的能力和水平。

相关规定

《未成年人保护法》

第三十九条 学校应当建立学生欺凌防控工作制度，对教职员工、学生等开展防治学生欺凌的教育和培训。

学校对学生欺凌行为应当立即制止，通知实施欺凌和被欺凌未成年学生的父母或者其他监护人参与欺凌行为的认定和处理；对相关未成年学生及时给予心理辅导、教育和引导；对相关未成年学生的父母或者其他监护人给予必要的家庭教育指导。

对实施欺凌的未成年学生，学校应当根据欺凌行为的性质和程度，依法加强管教。对严重的欺凌行为，学校不得隐瞒，应当及时向公安机关、教育行政部门报告，并配合相关部门依法处理。

《未成年人学校保护规定》

第二十条 学校应当教育、引导学生建立平等、友善、互助的同学关系，组织教职工学习预防、处理学生欺凌的相关政策、措施和方法，对学生开展相应的专题教育，并且应当根据情况给予相关学生家长必要的家庭教育指导。

5 教师应当及时发现学生欺凌

典型案例

湖北省嘉鱼县一女中学生被欺凌事件，违纪学生被处分[①]

《中国青年报》报道，2018年1月，一条湖北省嘉鱼县女中学生遭同学轮流掌掴的视频在网络传播。在时长1分07秒的网络视频中，一名女生站在室外，不敢动弹，先后被四名女生轮流掌掴，满脸通红。

视频中，打人者还嬉笑着称，“打重一点儿”“我还要来一次”。画面显示，现场除了被打者和打人的四名女生以外，还有数名男生围观，但过程中无人劝阻。

嘉鱼县教育局于2018年1月15日下午发布了《关于南嘉中学学生欺凌事件调查及处理情况的通报》。经查实，视频中打人

① 《湖北南嘉中学学生欺凌事件违纪学生已被处罚》，载《中国青年报》2018年1月18日，http://zqb.cyol.com/html/2018-01/18/nw.D110000zgqnb_20180118_1-06.htm。

者和被打者均为南嘉中学七年级女生。

通报认定的情况是，该校七年级学生张某（化名）因同学之间纠葛，为报复本班女生李某某（化名），于1月10日下午放学后，邀约本年级其他几名女生，将李某某带到女生公寓架空层进行殴打。现场有学生拍摄了视频，并在微信中进行传播。

通报介绍，12日上午，该县公安局到学校调查取证。随后，学校组织召开了涉事班级班主任会，要求班主任全力配合调查。当日中午放学后，该校副校长等人将被打学生送回家中，并代表学校向家长道歉。当日下午，学校组织召开家长会，通报了事情的经过，对违纪学生给予相应的纪律处分，对涉事班级班主任进行了处分。同时，全校开展矛盾纠纷隐患和安全管理漏洞排查。

要点提示

及早发现学生欺凌问题，就能够及早采取措施进行处理，从而避免发生严重欺凌案件。因此，教师应当关注因身体条件、家庭背景或者学习成绩等可能处于弱势或者特殊地位的学生，发现学生存在被孤立、排挤等情形的，应当及时干预。教师发现学生有明显的情绪反常、身体损伤等情形，应当及时沟通了解情况，可能存在被欺凌情形的，应当及时向学校报告。

扩展解读

教师处于教育管理学生的基层一线，是最直接最密切接触学生的人员，应当及时排查、发现学生欺凌的问题。

第一，教师要及早发现学生欺凌问题，及早采取措施进行处理，避免形成严重欺凌案件。

学生欺凌行为会对被欺凌者造成伤害，学校和教师应当快速做出反应、及时制止。因此，学校、教师要在全面了解学生欺凌基本特征的基础上，及早发现学生欺凌。一旦发现学生欺凌，要立即采取有效措施予以制止，然后按照学生欺凌事件应急处置预案和处理流程对事件及时进行调查处理，原则上学校应在启动调查处理程序十日内完成调查，并根据有关规定加以处置。

第二，教师应当关注因身体条件、家庭背景或者学习成绩等可能处于弱势或者特殊地位的学生。

有些学生可能会对身体条件较弱、家庭背景不好、学习成绩较差的同学进行孤立和排挤，但实际上每个学生都应当受到平等保护。教师尤其应当关注那些更加弱势的学生，了解其实际需求，防止他们被孤立排挤或者受到其他形式的学生欺凌。如果发现了学生欺凌，应当及时予以制止。

第三，教师发现学生有明显的情绪反常、身体损伤等情形，应当及时沟通了解情况，可能存在被欺凌情形的，应当及时向学校报告。

学生有明显的情绪反常与身体损伤，很有可能遭遇了重大变故。在这种情况下，教师更应当关心关爱学生，需要及时与学生展开沟通，了解原因，在心理上给予他们照顾，对可能存在的被欺凌情节进行排查。一旦发现存在被欺凌情节，必须及时将情况报告给学校，并配合学校做好处置工作。

相关规定

《未成年人学校保护规定》

第二十一条 教职工发现学生实施下列行为的，应当及时制止：

（一）殴打、脚踢、掌掴、抓咬、推撞、拉扯等侵犯他人身体或者恐吓威胁他人；

（二）以辱骂、讥讽、嘲弄、挖苦、起侮辱性绰号等方式侵犯他人人格尊严；

（三）抢夺、强拿硬要或者故意毁坏他人财物；

（四）恶意排斥、孤立他人，影响他人参加学校活动或者社会交往；

（五）通过网络或者其他信息传播方式捏造事实诽谤他人、散布谣言或者错误信息诋毁他人、恶意传播他人隐私。

学生之间，在年龄、身体或者人数等方面占优势的一方蓄意或者恶意对另一方实施前款行为，或者以其他方式欺压、侮辱另一方，造成人身伤害、财产损失或者精神损害的，可以认定为构成欺凌。

第二十二条 教职工应当关注因身体条件、家庭背景或者学习成绩等可能处于弱势或者特殊地位的学生，发现学生存在被孤立、排挤等情形的，应当及时干预。

教职工发现学生有明显的情绪反常、身体损伤等情形，应当及时沟通了解情况，可能存在被欺凌情形的，应当及时向学校报告。

学校应当教育、支持学生主动、及时报告所发现的欺凌情形，保护自身和他人的合法权益。

6 教师应当及时处置学生欺凌

典型案例

柳州市一小学应对学生欺凌处置不力校长被免职[①]

据《新京报》报道，2020年11月13日，广西省柳州市柳江区教育局通过官方公众号发布通报称，10月19日，柳江区穿山镇高平小学学生胡某某与刘某某发生口角，后被刘某某及本校三名学生实施欺凌。目前，教育局已对处置不力的学校校长进行免职处理。

要点提示

教师发现正在发生的学生欺凌行为，不论是否涉及自己管理的班级学生，都要及时制止；属于本职工作范围的，应当及时处理；不属于本职工作范围或者不能处理的，应当及时报告班主任或学校负责人；必要时可以直接向教育行政部门或者公安机关报告。

---

① 《广西柳江一小学生被欺凌，区教育局回应：校长处置不力已被免职》，载《新京报》2020年11月13日，https://www.bjnews.com.cn/detail/160526856715592.html。

扩展解读

教师是防治学生欺凌的重要力量，在学生欺凌防治工作中扮演着预防者、干预者、处置者的角色，他们对学生欺凌的态度和行动会影响学生对待欺凌的态度和行为。教师必须及时处置学生欺凌事件，不能放任姑息。

第一，教师要及时制止学生欺凌行为。

《未成年人保护法》第39条第2款规定，学校对学生欺凌行为应当立即制止，通知实施欺凌和被欺凌未成年学生的父母或者其他监护人参与欺凌行为的认定和处理。学生欺凌会对被欺凌学生造成严重的身体或者心理伤害，教师只要发现了学生欺凌就应当立即制止，要积极、有效地防止欺凌行为继续发生。至于事件本身是不是学生欺凌，学校还要通知实施欺凌和被欺凌学生的家长参与认定，后续还要就如何处理进行讨论。

第二，对实施或者参与欺凌行为的学生进行处理。

《未成年人学校保护规定》规定，认定构成欺凌的，应当对实施或者参与欺凌行为的学生作出教育惩戒或者纪律处分，并对其家长提出加强管教的要求，必要时，可以由法治副校长、辅导员对学生及其家长进行训导、教育。所以，对实施或者参与学生欺凌的学生，学校有权依据《中小学教育惩戒规则（试行）》等相关规定，进行教育惩戒或者给予纪律处分。而且，学校也可以要求这些学生的家长加强对孩子的管教。学校可以借助外部力量如学校的法治副校长、辅导员对学生及其家长进行训导、教育，帮助其真正认识自身错误并且积极改正，杜绝再次发生学生欺凌。

第三，及时向学校报告，必要时还要报告给教育行政部门或者公安机关。

有些学生欺凌事件的情形比较恶劣或者造成了非常严重的后果，有的学生欺凌事件涉及不同班级、不同年级或者不同学校，此时，教师需要上报学校，由学校依职权进行调查处置或者报告教育行政部门处理。需要特别指出的是，对违反治安管理或者涉嫌犯罪等严重欺凌行为，教师不得隐瞒，应当及时向公安机关、教育行政部门报告，并配合相关部门依法处理。

相关规定

《未成年人保护法》

第三十九条　学校应当建立学生欺凌防控工作制度，对教职员工、学生等开展防治学生欺凌的教育和培训。

学校对学生欺凌行为应当立即制止，通知实施欺凌和被欺凌未成年学生的父母或者其他监护人参与欺凌行为的认定和处理；对相关未成年学生及时给予心理辅导、教育和引导；对相关未成年学生的父母或者其他监护人给予必要的家庭教育指导。

对实施欺凌的未成年学生，学校应当根据欺凌行为的性质和程度，依法加强管教。对严重的欺凌行为，学校不得隐瞒，应当及时向公安机关、教育行政部门报告，并配合相关部门依法处理。

《预防未成年人犯罪法》

第二十条　教育行政部门应当会同有关部门建立学生欺凌防控制度。学校应当加强日常安全管理，完善学生欺凌发现和处置的工作流程，严格排查并及时消除可能导致学生欺凌行为的各种隐患。

《未成年人学校保护规定》

第十九条 学校应当成立由校内相关人员、法治副校长、法律顾问、有关专家、家长代表、学生代表等参与的学生欺凌治理组织，负责学生欺凌行为的预防和宣传教育、组织认定、实施矫治、提供援助等。

学校应当定期针对全体学生开展防治欺凌专项调查，对学校是否存在欺凌等情形进行评估。

第二十条 学校应当教育、引导学生建立平等、友善、互助的同学关系，组织教职工学习预防、处理学生欺凌的相关政策、措施和方法，对学生开展相应的专题教育，并且应当根据情况给予相关学生家长必要的家庭教育指导。

第二十三条 学校接到关于学生欺凌报告的，应当立即开展调查，认为可能构成欺凌的，应当及时提交学生欺凌治理组织认定和处置，并通知相关学生的家长参与欺凌行为的认定和处理。认定构成欺凌的，应当对实施或者参与欺凌行为的学生作出教育惩戒或者纪律处分，并对其家长提出加强管教的要求，必要时，可以由法治副校长、辅导员对学生及其家长进行训导、教育。

对违反治安管理或者涉嫌犯罪等严重欺凌行为，学校不得隐瞒，应当及时向公安机关、教育行政部门报告，并配合相关部门依法处理。

不同学校学生之间发生的学生欺凌事件，应当在主管教育行政部门的指导下建立联合调查机制，进行认定和处理。

《中小学教育惩戒规则（试行）》

第七条 学生有下列情形之一，学校及其教师应当予以制止并进行批评教育，确有必要的，可以实施教育惩戒：

……

（五）打骂同学、老师，欺凌同学或者侵害他人合法权益的；

……

学生实施属于预防未成年人犯罪法规定的不良行为或者严重不良行为的，学校、教师应当予以制止并实施教育惩戒，加强管教；构成违法犯罪的，依法移送公安机关处理。

7 教师应当关心、爱护、帮助那些受到欺凌的学生

典型案例

学生欺凌受害者：有老师反问“为什么专门打你”[①]

《法制日报》报道，作为北京市多名学校校外心理医生的倪医生向记者讲述自己曾被二十个人堵在食堂门口殴打的经历，校方的处理结果是对动手的几名学生停课。而最让她感到无力的一句话则是一名校领导说的，“他们为什么不去打别人，偏要打你啊”？“这可能也是大多数老师的心理吧，这也是让大多数被欺凌的学生最无可奈何、最无力反驳的一句话”。正因如此，

---

① 《学生欺凌受害者：有老师反问“为什么专门打你”》，载《法制日报》2017年4月11日，中国新闻网转载http://www.chinanews.com/sh/2017/04-11/8195888.shtml。

她也更加关注遭遇学生欺凌的孩子。

要点提示

对那些已经遭受欺凌尤其是表面看来问题并不严重的身体推搡、言行侮辱、社交孤立等欺凌的学生，教师不要忽视推诿，而要充分认识到这些欺凌可能对学生造成的严重心理伤害，要通过各种方式给这些学生以关心、爱护和帮助。对那些无法认定为欺凌或者疑似遭受欺凌的学生，只要学生认为自己心理遭受伤害的，教师也要多给予关心、爱护和帮助。

扩展解读

教师在处置学生欺凌事件时，要给予被欺凌学生更多的关心、爱护和帮助，帮助他们走出学生欺凌的阴影，恢复正常学习生活，健康茁壮地成长。为此，教师需要着重关注以下三个方面的问题。

第一，教师要正确认识学生欺凌带来的严重心理伤害。

人们对造成被欺凌学生头破血流、浑身青紫、骨折错位的学生欺凌行为有很强的认知度，会误认为只有造成了那样的伤害才构成“学生欺凌”。但是实际上学生欺凌远不止身体上的伤害。一些身体推搡、言行侮辱、社交孤立等学生欺凌行为表面上看来问题并不严重，但是会给被欺凌学生带来巨大的心理压力。被欺凌学生长期处于这种心理压力之中，轻则会有焦虑情绪，无法将精力投入学习，导致学习成绩明显下降，上课注意力不集中等；重则会产生心理障碍，由开朗积极变得胆小自卑，会出现厌学辍学的问题；严重的还会造成精神分裂、抑郁等心理疾病。教师必须及时介入，充分认识到学生欺凌造成的心理伤害。

第二，教师要给予被欺凌学生更多的关心、爱护和帮助。

一是教师应当关注因身体条件、家庭背景或者学习成绩等可能处于弱势或者特殊地位的学生，他们很可能成为被欺凌的对象。教师在工作生活中发现学生存在被孤立、排挤等情形的，应当及时干预。二是许多学生欺凌会有持续性、反复性，教师要关注被欺凌学生，了解学生的周边情况和欺凌原因，及时发现实施欺凌的学生，及时制止，及时干预。三是教师要在学习生活上多多照顾被欺凌学生，让学生有依靠有保障，拥有回归正常学习生活的勇气和动力。

第三，教师要对无法认定为欺凌的学生进行情绪疏导和关心。

对那些无法认定为欺凌或者疑似遭受欺凌的学生，只要学生认为自己心理遭受伤害的，教师也要多给予关心、爱护和帮助。一方面，教师要积极引导学生正确认识同学之间的矛盾冲突和学生欺凌之间的区别，讲解化解矛盾冲突的方式方法，引导学生建立平等、友善、互助的同学关系。另一方面，教师要教育他们，为他们提供防治学生欺凌的方法，鼓励他们更加自信、更加勇敢和强大，不给学生欺凌留有空间和余地。

相关规定

《未成年人学校保护规定》

第二十条　学校应当教育、引导学生建立平等、友善、互助的同学关系，组织教职工学习预防、处理学生欺凌的相关政策、措施和方法，对学生开展相应的专题教育，并且应当根据情况给予相关学生家长必要的家庭教育指导。

第二十一条 教职工发现学生实施下列行为的，应当及时制止：

（一）殴打、脚踢、掌掴、抓咬、推撞、拉扯等侵犯他人身体或者恐吓威胁他人；

（二）以辱骂、讥讽、嘲弄、挖苦、起侮辱性绰号等方式侵犯他人人格尊严；

（三）抢夺、强拿硬要或者故意毁坏他人财物；

（四）恶意排斥、孤立他人，影响他人参加学校活动或者社会交往；

（五）通过网络或者其他信息传播方式捏造事实诽谤他人、散布谣言或者错误信息诋毁他人、恶意传播他人隐私。

学生之间，在年龄、身体或者人数等方面占优势的一方蓄意或者恶意对另一方实施前款行为，或者以其他方式欺压、侮辱另一方，造成人身伤害、财产损失或者精神损害的，可以认定为构成欺凌。

第二十二条 教职工应当关注因身体条件、家庭背景或者学习成绩等可能处于弱势或者特殊地位的学生，发现学生存在被孤立、排挤等情形的，应当及时干预。

教职工发现学生有明显的情绪反常、身体损伤等情形，应当及时沟通了解情况，可能存在被欺凌情形的，应当及时向学校报告。

学校应当教育、支持学生主动、及时报告所发现的欺凌情形，保护自身和他人的合法权益。

第六章

对教师防治校园性侵的要求

未成年人遭受性侵害问题一直受到国家和社会的高度关注，一些教师对未成年学生实施性侵害的案件还成为舆情事件。校园性侵害案件不仅严重侵害了学生的人身权利，也带来了恶劣的社会影响。2018年，最高人民检察院向教育部发送了“一号检察建议”，内容主要涉及如何防治发生在校园的性侵害问题。近年来，国家为此制定、修订了大量法律法规和规章，教师学习了解这些最新规定，不仅有助于严格约束自身行为，建立正常的师生关系，也有助于全面加强对学生人身权利的保护，构建和谐安全的校园环境。

1 教师应当清醒认识国家对校园性侵害的"零容忍"政策

典型案例

庆阳女生李某奕因受到班主任吴某猥亵而抑郁，后跳楼自杀，该案引发了社会的广泛关注，中央电视台等多家媒体对此事进行报道。

庆阳女生跳楼案[①]

据新浪网、央视新闻网、《新京报》等报道，2016年9月5日，当时正在甘肃省庆阳六中读高三的李某奕因为胃疼在教师公寓休息，晚8点左右，班主任吴某进入李某奕休息的房间，以探病为由亲吻、搂抱李某奕，后因另一位老师进入房间而停止。李某奕曾多次向校领导和相关部门反映，但是吴某仍然担任其班主任，李某奕及其家长认为，因学校和教育行政部门没有依法追究吴某的法律责任，致使李某奕的身心受到重创。后李某奕被北京安定医院确诊为创伤后应激障碍，并且曾多次尝试自杀。

2018年6月20日，李某奕在当地某百货大楼八层跳楼自杀，

① 《庆阳女孩跳楼事件：救援消防员还在接受心理疏导》，载《新京报》2018年6月26日，新浪网转载https://news.sina.com.cn/s/2018-06-26/doc-ihencxtu1757930.shtml。

引起社会轰动。2018年6月26日，庆阳市教育局党委进行专题会议，决定将涉案老师吴某调出教育系统，取消其教师资格。此前，庆阳市教育局党委曾于2017年7月23日作出决定，对吴某进行行政处分，由技术7级降为技术8级，并调离岗位。此后，吴某被公安机关刑事拘留。2020年4月10日，一审法院宣判，被告人吴某犯强制猥亵罪，判处有期徒刑两年，禁止吴某在刑罚执行完毕之日起三年内从事教师、家庭教育指导、教育培训等与未成年人有密切接触的相关职业。

要点提示

性侵是对未成年人人身权益的严重侵害，历来受到社会高度关注。2017年4月国务院办公厅《关于加强中小学幼儿园安全风险防控体系建设的意见》就明确规定："对体罚、性骚扰、性侵害等侵害学生人身健康的违法犯罪行为，要建立零容忍制度。"

扩展解读

对未成年人实施性骚扰、性侵害等侵害行为丧失了作为教师的基本职业道德，危害学生身心，严重损害人民教师的社会形象，理应受到严厉处罚。因此，我国对校园性侵实施"零容忍"政策。具体主要有以下三点：

第一，对实施性侵害的教师严惩不贷。

根据《刑法》和最高人民法院、最高人民检察院、公安部、司法部印发的《关于依法惩治性侵害未成年人犯罪的意见》相关规定，性侵害未成年人犯罪主要是指针对未成年人实施的强奸罪，强制猥亵、侮辱罪，猥亵儿童罪，组织卖淫罪，强迫卖淫罪，引诱、容留、介绍卖淫罪，引诱幼女卖淫罪等。最常见的教师性侵害未成年人犯罪就是强奸罪，强制猥亵、侮辱罪和猥亵儿童罪。而在强制猥亵、侮辱罪中，被害人有可能是女生也有可能是男生，也就是说，男生也有可能成为被猥亵的对象。

教师在校园等公共场所实施性侵害的，将被加重处罚。根据《关于依法惩治性侵害未成年人犯罪的意见》第23条规定，如果教师在校园等公共场所对未成年人实施强奸、猥亵犯罪，只要有其他多人在场，不论在场人员是否实际看到，均可以认定为在公共场所“当众”强奸妇女，强制猥亵、侮辱妇女，猥亵儿童。根据我国《刑法》第236条第3款和237条规定，在公共场所当众强奸妇女、奸淫幼女或者猥亵儿童且情节恶劣的，属于加重情节，量刑更重。

2021年3月1日起施行的《刑法修正案（十一）》针对负有特殊职责人员新增加了一个罪名，即负有照护职责人员性侵罪：对学生履行教育等特殊职责的教师等人员，与已满十四周岁不满十六周岁的未成年学生发生性关系的，将构成负有照护职责人员性侵罪。不论该女生是否自愿与教师发生性关系，该教师都有可能被追究负有照护职责人员性侵罪并被判处刑罚。

实施校园性侵害的教师除要承担严重的刑事责任外，其教师职业生涯也将受到严重影响。根据我国有关从业禁止的规定，其不得再从事教师职业以及进入其他密切接触未成年人的单位工作。在庆阳女生跳楼案中，庆阳市教育局党委召开专题会议，决定将涉案老师吴某调出教育系统，取消其教师资格，人民法院的刑事判决中，也明确禁止吴某在刑罚执行完毕之日起三年内从事教师等与未成年人有密切接触的相关职业。吴某承担了刑事法律责任，而且也不能再担任老师。

第二，对相关责任人严肃处理。

校长是学校的第一责任人，负领导责任。因此，如果学校校长及相关领导存在以下四种情形之一时，将受到行政处分甚至被追究法律责任：一是学校管理松懈，未履行对教职工的管理、监督责任，致使发生教职工严重侵害学生身心健康的违法犯罪行为；二是有包庇、隐瞒不报的行为，故意将案件线索隐瞒，包庇涉事教师；三是威胁、阻拦报案，不让学生及其家长向司法机关反映问题或者报案；四是妨碍调查、对学生打击报复，严重干扰司法机关办案。

如果学校存在上述行为之一，教育行政部门应当对学校主要负责人和直接责任人给予处分或者责令学校给予处分；情节严重的，应当移送有关部门查处，构成违法犯罪的，依法追究相应法律责任。尤其要注意的是，如果学校校长因监管不力而造成严重后果，则在五年内不得再担任校长职务。

第三，如果教师知情不报，将可能被开除出教师队伍。

有些教师抱着明哲保身、多一事不如少一事的态度，即使发现了教师性侵害学生的行为也装作不知道，这将使学生受到进一步伤害，也违反了国家有关强制报告的规定。2020年5月，最高人民检察院、国家监察委员会、教育部等多部门联合印发《关于建立侵害未成年人案件强制报告制度的意见（试行）》，要求密切接触未成年人的教师等人，在工作中发现未成年人遭受或者疑似遭受不法侵害以及面临不法侵害危险的，应当立即向公安机关报案或举报。2020年新修订的《未成年人保护法》在法律层面对强制报告制度进行了确认。教师与学生在学校的相处时间较多，一旦发现学生有可能受到了性侵害，应当立即向学校和公安机关等报告。

2003年《教育部、公安部、司法部关于辽宁等地相继发生教师强奸猥亵学生事件的情况通报》特别强调："学校每个教职工对学生人身安全都负有保护责任。对教师性犯罪知情不报的教师，丧失了作为教师的基本职业道德，要开除出教师队伍，永不录用。"因此，如果学校教师发现其他教职工对学生实施性侵害，应当及时向学校或者公安机关报告，否则有可能被开除公职。据媒体报道，在庆阳六中女生李某奕跳楼一案中，李某奕在受到吴某猥亵的第二天便向学校心理咨询室老师反映了情况，经李某奕同意，心理咨询室老师向学校汇报了该事件，学校立即进行了调查。在这一事件中，心理咨询室老师认真倾听了李某奕的声音和诉求，并向学校反映了情况，其做法值得肯定。

相关规定

《刑法》

第二百三十六条 以暴力、胁迫或者其他手段强奸妇女的，处三年以上十年以下有期徒刑。

奸淫不满十四周岁的幼女的，以强奸论，从重处罚。

强奸妇女、奸淫幼女，有下列情形之一的，处十年以上有期徒刑、无期徒刑或者死刑：

（一）强奸妇女、奸淫幼女情节恶劣的；

（二）强奸妇女、奸淫幼女多人的；

（三）在公共场所当众强奸妇女、奸淫幼女的；

（四）二人以上轮奸的；

（五）奸淫不满十周岁的幼女或者造成幼女伤害的；

（六）致使被害人重伤、死亡或者造成其他严重后果的。

第二百三十六条之一 对已满十四周岁不满十六周岁的未成年女性负有监护、收养、看护、教育、医疗等特殊职责的人员，与该未成年女性发生性关系的，处三年以下有期徒刑；情节恶劣的，处三年以上十年以下有期徒刑。

有前款行为，同时又构成本法第二百三十六条规定之罪的，依照处罚较重的规定定罪处罚。

第二百三十七条 以暴力、胁迫或者其他方法强制猥亵他人或者侮辱妇女的，处五年以下有期徒刑或者拘役。

聚众或者在公共场所当众犯前款罪的，或者有其他恶劣情节的，处五年以上有期徒刑。

猥亵儿童的，处五年以下有期徒刑；有下列情形之一的，处五年以上有期徒刑：

（一）猥亵儿童多人或者多次的；

（二）聚众猥亵儿童的，或者在公共场所当众猥亵儿童，情节恶劣的；

（三）造成儿童伤害或者其他严重后果的；

（四）猥亵手段恶劣或者有其他恶劣情节的。

《未成年人保护法》

第六十二条 密切接触未成年人的单位招聘工作人员时，应当向公安机关、人民检察院查询应聘者是否具有性侵害、虐待、拐卖、暴力伤害等违法犯罪记录；发现其具有前述行为记录的，不得录用。

密切接触未成年人的单位应当每年定期对工作人员是否具有上述违法犯罪记录进行查询。通过查询或者其他方式发现其工作人员具有上述行为的，应当及时解聘。

《未成年人学校保护规定》

第三十六条 学校应当严格执行入职报告和准入查询制度，不得聘用有下列情形的人员：

（一）受到剥夺政治权利或者因故意犯罪受到有期徒刑以上刑事处罚的；

（二）因卖淫、嫖娼、吸毒、赌博等违法行为受到治安管理处罚的；

（三）因虐待、性骚扰、体罚或者侮辱学生等情形被开除或者解聘的；

（四）实施其他被纳入教育领域从业禁止范围的行为的。

学校在聘用教职工或引入志愿者、社工等校外人员时，应当要求相关人员提交承诺书；对在聘人员应当按照规定定期开展核查，发现存在前款规定情形的人员应当及时解聘。

第五十八条 学校未履行对教职工的管理、监督责任，致使发生教职工严重侵害学生身心健康的违法犯罪行为，或者有包庇、隐瞒不报，威胁、阻拦报案，妨碍调查、对学生打击报复等行为的，主管教育部门应当对主要负责人和直接责任人给予处分或者责令学校给予处分；情节严重的，应当移送有关部门查处，构成违法犯罪的，依法追究相应法律责任。因监管不力、造成严重后果而承担领导责任的校长，5年内不得再担任校长职务。

第六十条第二款 教职工实施第二十四条第二款禁止行为

的，应当依法予以开除或者解聘；有教师资格的，由主管教育行政部门撤销教师资格，纳入从业禁止人员名单；涉嫌犯罪的，移送有关部门依法追究责任。

《最高人民法院、最高人民检察院、公安部、司法部关于依法惩治性侵害未成年人犯罪的意见》

23.在校园、游泳馆、儿童游乐场等公共场所对未成年人实施强奸、猥亵犯罪，只要有其他多人在场，不论在场人员是否实际看到，均可以依照刑法第二百三十六条第三款、第二百三十七条的规定，认定为在公共场所“当众”强奸妇女，强制猥亵、侮辱妇女，猥亵儿童。

《国务院办公厅关于加强中小学幼儿园安全风险防控体系建设的意见》

（十五）……教育部门要健全学校对未成年学生权利的保护制度，对体罚、性骚扰、性侵害等侵害学生人身健康的违法犯罪行为，要建立零容忍制度，及早发现、及时处理、从严问责，应当追究法律责任的，要协同配合公安、司法机关严格依法惩处。

《教育部、公安部、司法部关于辽宁等地相继发生教师强奸猥亵学生事件的情况通报》

一、坚决依法打击教师队伍中的性犯罪分子，严惩不贷……

二、对事件相关责任人要严肃处理，决不姑息。学校对学生负有保护责任。校长是学校的第一责任人，负领导责任。学校管理松懈，发生教师性犯罪事件的，要坚决依法追究校长、教育行政部门领导和相关管理人员的责任，严重的要撤销行政职务和开除公职。学校发生危害学生的性犯罪案件时，要立即向上级和公安部门报告，积极协助公安、司法部门尽快侦破案件，惩办罪犯。对推卸责任、延缓上报的要追究学校领导的行政责任，对包庇罪犯、隐瞒不报的要坚决依法追究有关领导及相关责任人的法律责任。

……

学校每个教职工对学生人身安全都负有保护责任。对教师性犯罪知情不报的教师，丧失了作为教师的基本职业道德，要开除出教师队伍，永不录用。

2 严禁教师与未成年学生发生恋爱关系

典型案例

有些教师以谈恋爱为名对未成年学生实施性侵害。在舒某强奸一案中，舒某以恋爱为名与学生陆小某发生性关系，但是舒某最后因强奸罪被判处有期徒刑七年。

舒某强奸案[①]

教师舒某与学生陆小某（女，2005年3月出生）系同校师生关系，两人于2018年11月左右确定所谓的“恋爱关系”。2018年11月至2019年2月2日，被告人舒某明知被害人陆小某未满十四周岁，仍三次潜入陆小某家中，多次与被害人陆小某发生性关系。一审法院认为，被告人舒某作为对未成年人负有特殊职责的人员，明知被害人系幼女而多次进入其住所实施奸淫，其

① 江苏省泰州市中级人民法院（2019）苏12刑终227号刑事裁定书，载中国裁判文书网。

行为已构成强奸罪，依法应予以从重惩处。因此，一审法院以强奸罪判处被告人舒某有期徒刑七年，剥夺政治权利一年。

后舒某以“其与被害人自愿产生感情，并未利用教师这一特殊身份实施性侵害”等为由提起上诉，认为双方系恋爱关系，不应认定为强奸。二审法院经审理认为，被害人陆小某受侵害时还不满十四周岁，尚系幼女，缺乏必要的认识和自我保护能力，需要家长和老师的严格教育和正确引导。舒某本应恪守师德，但却利用幼女的年幼无知，打着谈情说爱的幌子进入被害人家中对其实施奸淫，可见其色胆包天，道德沦丧，动机卑劣。所谓自愿产生感情、事后得到谅解之说，纯属荒唐。因此，二审法院未采纳该上诉理由，最终驳回了舒某的上诉，维持原判。

要点提示

教师对未成年学生有教育和管理的职权，为了避免教师滥用这种职权，教育部在《未成年人学校保护规定》中特别强调，学校要采取措施制止教师与学生发生恋爱关系。根据该规定，不论男女教师，都不得与学生发生恋爱关系。违反上述规定的，教师将被开除或者解聘，主管教育行政部门将撤销其教师资格，纳入从业禁止人员名单。

扩展解读

《未成年人学校保护规定》进一步明确了教师的行为界限，划定了教师不得与学生谈恋爱的红线。除此以外，我们还要防止有些教师以恋爱为名对学生实施性侵害。

第一，教师与学生所谓的“谈恋爱”存在不对等性，会严重侵害学生权益。

教师对未成年学生有教育和管理的职权，其与学生“谈恋爱”具有不对等性。恋爱关系本来是建立在双方平等的基础之上的，但是教师可以给学生打分、评优、布置作业等，相对于学生而言，教师无疑处在优势地位，其具有掌控、影响学生的便利条件，本身就存在一种不对等。还有一些学生对教师怀有朴素的崇敬心理，但未成年人心智不成熟，其对教师的崇拜并不是“爱情”，在年龄、阅历和经验等方面都占据优势的教师一方如果以恋爱为名与学生交往，会严重侵犯学生的权益，这种行为应当受到严惩。

贵阳六中一名高三学生杀害同班同学的案件曾经轰动一时，造成这场悲剧的重要原因就是四十五岁的女教师与两名高三少年同时发生了恋爱关系，其中一名少年出于嫉妒和“保护”教师恋人的心理，故意杀害了另一位少年。教师与学生之间应当是单纯的师生关系，不应当掺杂任何其他因素，否则会对学生及其家庭造成难以挽回的负面影响，涉事教师也要为此付出惨重代价，因此，教育部《未成年人学校保护规定》划定了教师不得与学生恋爱的红线，任何教师都不得突破。

第二，严禁与学生发生恋爱关系，进一步明确了教师行为边界。

从原来的严禁与学生发生“不正当关系”到严禁与学生发生“恋爱关系”，进一步明确了教师行为边界。2018年修订的《中小学教师违反职业道德行为处理办法》第4条第7项规定，“与学生发生不正当关系，有任何形式的猥亵、性骚扰行为”属于应予处理的教师违反职业道德行为。通常意义上讲，“发生不正当关系”应当包括与学生发生恋爱关系的情形，但是，因为规定得不明确，在实践操作中容易产生歧义，有些教师与学生“自愿”发生恋爱关系后，学校和教育行政部门并未按照违反职业道德进行处理，更不用说追究教师的法律责任了。

为了避免出现所谓的师生恋情，于2021年9月1日正式实施的《未成年人学校保护规定》第24条直接明确了教师的行为边界，坚决不允许教职工与学生发生恋爱关系，要求学校采取必要措施预防并制止教职工这一行为。如果教师与学生发生恋爱关系，学校应当依法予以开除或者解聘。

第三，有的教师会以恋爱为名实施性侵害。

有些教师会利用手中的职权引诱甚至逼迫学生和自己“谈恋爱”，实际上是打着恋爱的幌子实施性侵害，使学生不得不就范，其行为已经触犯了刑事法律。

在上述初中教师舒某强奸陆小某一案中，舒某与不满十四周岁的陆小某原为同校师生关系，平时舒某对陆小某多有照顾，后二人确定了所谓的“恋爱关系”。确定“恋爱关系”后，舒某三次翻窗进入陆小某家与其发生性关系。在被公安机关抓获归案后，舒某以“其与被害人陆小某自愿产生感情，并未利用教师这一特殊身份”为由进行辩解，但是，舒某作为人民教师却打着谈情说爱的幌子，故意亲近接触陆小某并实施性侵害，已经构成强奸罪，依法应予以从重惩处。法院最终以强奸罪判处舒某有期徒刑七年，剥夺政治权利一年，舒某受到了法律的严惩。

相关规定

《未成年人学校保护规定》

第二十四条第二款 学校应当采取必要措施预防并制止教

职工以及其他进入校园的人员实施以下行为：

（一）与学生发生恋爱关系、性关系；

……

第六十条第二款　教职工实施第二十四条第二款禁止行为的，应当依法予以开除或者解聘；有教师资格的，由主管教育行政部门撤销教师资格，纳入从业禁止人员名单；涉嫌犯罪的，移送有关部门依法追究责任。

《中小学教师违反职业道德行为处理办法》

第四条　应予处理的教师违反职业道德行为如下：

……

（七）与学生发生不正当关系，有任何形式的猥亵、性骚扰行为。

……

第十一条　教师被依法判处刑罚的，依据《事业单位工作人员处分暂行规定》给予降低岗位等级或者撤职以上处分。其中，被依法判处有期徒刑以上刑罚的，给予开除处分。教师受到剥夺政治权利或者故意犯罪受到有期徒刑以上刑事处罚的，丧失教师资格。

3 严禁教师与未成年学生发生性关系

典型案例

在朱某强奸案中，朱某作为教师利用其优势地位或者被害人孤立无援的境地而与未成年学生发生性关系，最后因犯强奸罪被追究了刑事责任。

朱某强奸案[①]

段小某（女，案发时十六岁）在北京读高中，但是其父母都在外地，他们给段小某在北京租住了房屋。朱某作为武术教练教段小某习武，并经常进入段小某的家里照顾其生活。在2014年8月至2016年9月段小某读高中期间，朱某利用给段小某教武术的机会，多次在段小某的家中，违背段小某意愿，强行与其发生性关系。因压力太大，段小某产生了重度焦虑、中度抑郁等状况，2017年以后，朱某未再与段小某发生性关系，但长期保持往来，并带段小某看病。此后，段小某对朱某产生情感依赖，会没完没了给朱某打电话发信息，只要朱某不在第一时间回复，她就变得暴躁易怒，且越来越严重。2019年，段小某曾两次自杀。

上大学后，段小某将其被朱某强迫发生性关系的情况告诉了父母，父母带着段小某报警。在朱某被抓获归案后，朱某辩称段小某自愿和其发生性关系，段小某从来没有任何反对的语言和举止，不认为自己是强奸。人民法院经审理认为，朱某作为段小某的武术教练及长辈，在明知段小某未满十八周岁的情况下本应给段小某以正向引导，但其利用段小某对其专业指导及生活依赖而产生的依从、难以反抗并容忍其性行为的情况，违背段小某意愿，多次与段小某发生性关系，已经具备了强奸罪的构成要件，应以强奸罪论处。朱某系对未成年人负有特殊职责的人员，应从严惩处。但鉴于朱某在段小某报警前已进行

---

① 北京市海淀区人民法院（2020）京0108刑初329号刑事判决书，判决已生效，载中国裁判文书网。

经济补偿，且段小某亦书写谅解书，故对其酌予从轻处罚。法院最终判决朱某犯强奸罪，判处有期徒刑三年六个月。

要点提示

教育部在《未成年人学校保护规定》中特别强调，学校要采取措施制止教师与学生发生性关系。按照我国《刑法》规定，男教师与不满十四周岁幼女发生性关系的，按强奸罪从重处罚；与不满十周岁幼女发生性关系或者造成幼女伤害的，将获刑十年以上有期徒刑，甚至无期徒刑或者死刑。男教师与已满十四周岁不满十六周岁女学生发生性关系的，构成负有照护职责人员性侵罪。而且根据国家有关司法解释规定，男教师利用其优势地位或者被害人孤立无援的境地，迫使未成年女学生发生性关系的按强奸罪定罪处罚。女教师与未成年男学生发生性关系的，构成猥亵儿童罪或强制猥亵罪。

扩展解读

不论出于什么原因，教师都不得与学生发生性关系。否则，教师将要受到法律的严惩，需要承担相应的刑事法律责任。在这里，教师涉及的罪名主要有强奸罪和特殊职责人员性侵罪两大罪名。

第一，与不满十四周岁的幼女发生性关系，将构成强奸罪。

在我国刑事法律领域，不满十四周岁的未成年女性属于幼女。我国《刑法》第236条第2款规定，奸淫不满十四周岁的幼女的，以强奸论，从重处罚。不论行为人采用什么手段，也不问幼女是否同意，只要与幼女发生了性关系，一律按强奸罪从重处罚。

从实践来看，不满十四周岁的幼女通常在读小学或者初中，因此，只要教师与初中及其以下的不满十四周岁的幼女发生性关系，不论是否征得其同意，教师均构成强奸罪。值得一提的是，在司法实践中，只要行为人的生殖器与幼女的进行接触，即被视为奸淫既遂，这更加大了打击性侵幼女的力度和对幼女的保护力度。[①]

第二，特殊职责人员利用优势地位迫使未成年女性就范而与其发生性关系的，构成强奸罪。

我国《刑法》第236条规定，行为人以暴力、胁迫或者其他手段强奸妇女的，将构成强奸罪。此外，最高人民法院、最高人民检察院、公安部、司法部联合发布的《关于依法惩治性侵害未成年人犯罪的意见》第21条第2款规定，对已满十四周岁的未成年女性负有特殊职责的人员，利用其优势地位或者被害人孤立无援的境地，迫使未成年被害人就范，而与其发生性关系的，以强奸罪定罪处罚。

由此可以看出，教师作为履行特殊职责的人员之一，即使没有采用暴力、胁迫等手段，但是其利用自身优势地位、利用手中职权创造机会使学生孤立无援或者利用被害人孤立无援境地本身，迫使学生与其发生性关系，那么其行为已经构成强奸，

---

① 司法机关认定强奸幼女采用“接触说”。参见《男子强奸幼女获刑：生殖器官接触即构成强奸既遂》，载央广网2015年10月9日，http://news.cnr.cn/native/gd/20151009/t20151009_520090278.shtml?ivk_sa=1023231z。“法院审理后认为，赵某为满足私欲，奸淫不满十四周岁的幼女，其行为已构成强奸罪。奸淫幼女的客观方面表现为生殖器官相接触，即构成强奸既遂，赵某认为自己在感觉到被害人不情愿的情况下主动放其离开，是犯罪中止的理由不能成立。赵某明知被害人系未满十四周岁的未成年人而实施犯罪，应当依法从严惩治，但其归案后，如实供述自己的犯罪事实，是坦白，可以从轻处罚，遂作出上述判决。”

将要被追究强奸罪。在上述朱某强奸段小某案中，朱某利用段小某独自租房居住且教授其武术的机会，在段小某孤立无援又不敢反抗的情况下，与时年十六岁的段小某发生性关系，最后朱某因强奸罪受到惩处。

第三，有可能构成负有照护职责人员性侵罪。

于2021年3月1日正式生效的《刑法修正案（十一）》新增加了负有照护职责人员性侵罪，这值得学校教师注意。其规定："对已满十四周岁不满十六周岁的未成年女性负有监护、收养、看护、教育、医疗等特殊职责的人员，与该未成年女性发生性关系的，处三年以下有期徒刑；情节恶劣的，处三年以上十年以下有期徒刑。有前款行为，同时又构成本法第二百三十六条规定之罪的，依照处罚较重的规定定罪处罚。"从上述内容可以看出：

一是该罪名的犯罪主体是教师等具有特殊职责的人员。据统计，2018年7月至2020年6月，全国检察机关批准逮捕监护人性侵未成年人案件高达1279件，教师性侵未成年学生案件1059件。[①]也就是说，作为密切接触未成年人的群体之一，教师对未成年学生实施性侵害占有一定比例，仅次于监护人性侵未成年人的数量。负有教育、监护、收养、看护和医疗等特殊职责的人员有更多机会与未成年女性相处，为了避免未成年女性受到性侵，我国《刑法》针对教师等特殊职责人员规定了负有照护职责人员性侵罪这一罪名。

二是该罪名保护的对象是十四周岁到十六周岁的未成年女性。年满十四周岁的女性不再是幼女，但是其心智发展仍然不成熟，

---

① 《熟人作案占比高达70％！这份调查报告让人触目惊心》，载中国长安网2021年3月23日，腾讯网转载https://xw.qq.com/cmsid/20210323A064WJ00。

在特定环境和条件下，有可能会对一些成年男性存在仰慕或者爱慕之心，甚至自愿与成年男性发生性关系。在这种情况下，负有教育等特殊职责的教师等人员应当守住道德和法律底线，不能利用其特殊身份与十四周岁到十六周岁的未成年女性发生性关系，否则将会因犯负有照护职责人员性侵罪而承担刑事法律责任。

三是如果同时有强奸行为，则从一重罪处罚。如果教师等特殊职责人员犯负有照护职责人员性侵罪，那么有可能被判处三年以下有期徒刑；情节恶劣的，处三年以上十年以下有期徒刑。如果用暴力、胁迫或者其他手段强行与十四周岁到十六周岁的未成年女性发生性关系的，则会因强奸罪被判处三年以上十年以下有期徒刑。如果存在强奸情节恶劣，强奸多人，在学校等公共场所当众强奸，二人以上轮奸或者致使被害人重伤、死亡或者造成其他严重后果情形之一的，则有可能被处以十年以上有期徒刑、无期徒刑或者死刑。总之，如果教师等特殊职责人员同时对十四周岁到十六周岁未成年女性有强奸行为，我国法律规定将从一重罪进行处罚，体现了对性侵害未成年人行为的严厉打击态度。

第四，女教师有可能构成强制猥亵、侮辱罪或者猥亵儿童罪。

因为负有照护职责人员性侵罪保护的是已满十四周岁不满十六周岁的未成年女性，而且男性不是强奸罪的犯罪客体，因此，如果女教师与男性未成年学生发生性关系的，则不能按强奸罪追究女教师的刑事法律责任。但是，强制猥亵、侮辱罪或者猥亵儿童罪的被害人不分男女，所以，女教师有可能构成强制猥亵、侮辱罪或者猥亵儿童罪，其同样要受到刑事法律制裁。

相关规定

《刑法》

第二百三十六条之一　对已满十四周岁不满十六周岁的未成年女性负有监护、收养、看护、教育、医疗等特殊职责的人员，与该未成年女性发生性关系的，处三年以下有期徒刑；情节恶劣的，处三年以上十年以下有期徒刑。

有前款行为，同时又构成本法第二百三十六条规定之罪的，依照处罚较重的规定定罪处罚。

第二百三十七条　以暴力、胁迫或者其他方法强制猥亵他人或者侮辱妇女的，处五年以下有期徒刑或者拘役。

聚众或者在公共场所当众犯前款罪的，或者有其他恶劣情节的，处五年以上有期徒刑。

猥亵儿童的，处五年以下有期徒刑；有下列情形之一的，处五年以上有期徒刑：

（一）猥亵儿童多人或者多次的；

（二）聚众猥亵儿童的，或者在公共场所当众猥亵儿童，情节恶劣的；

（三）造成儿童伤害或者其他严重后果的；

（四）猥亵手段恶劣或者有其他恶劣情节的。

《最高人民法院、最高人民检察院、公安部、司法部关于依法惩治性侵害未成年人犯罪的意见》

21.对幼女负有特殊职责的人员与幼女发生性关系的，以强奸罪论处。

对已满十四周岁的未成年女性负有特殊职责的人员，利用其优势地位或者被害人孤立无援的境地，迫使未成年被害人就范，而与其发生性关系的，以强奸罪定罪处罚。

4 严禁教师以各种方式猥亵学生

典型案例

张某是一名小学校长，但其在深夜进入女生宿舍触摸六年级女生王某某（时年十二周岁）的肩部、胸部、腰部等，最后因猥亵儿童罪被判处有期徒刑六年六个月。

张某猥亵儿童案[①]

张某系某小学校长，2020年5月8日晚11时许，张某在酒后违规独自一人查看学生宿舍，在对3号女生宿舍进行查看时，其以1号床下铺王某某（六年级女生，时年十二周岁）的被子掉下床为借口，伸手触摸王某某的肩部、胸部、腰部，并碰了她的腿部，王某某被惊醒后向舍友呼救，后张某逃离宿舍。王某某的母亲发现，只要提及此事，王某某就会大哭，然后就是发呆，而且王某某的胆子也比以前小了，有了很大的心理阴影。之后，张某被抓获归案。

人民法院经审理认为，张某身为小学校长在饮酒后违规进入学校女生宿舍对被害人王某某进行猥亵，其行为构成猥亵儿童罪。张某在学生集体宿舍当众猥亵儿童，应认定为在公共场所当众猥亵儿童，依法应处五年以上有期徒刑。张某作为对未

① 云南省水富市人民法院（2020）云0630刑初55号刑事判决书，判决已生效，载中国裁判文书网。

成年人负有特殊职责的人员，进入学生集体宿舍猥亵未成年人，且被害人系农村留守儿童，依法应当从重处罚。虽然张某的家属于案发后对被害人进行补偿，取得了被害人及其家属谅解，但其行为性质恶劣，社会影响极坏，给被害人幼小的心灵及家庭带来心理创伤，且给在校女生造成了心理阴影。因此，该补偿行为不足以对其从轻处罚。最终，人民法院判决张某犯猥亵儿童罪，判处有期徒刑六年六个月。

要点提示

法律对猥亵学生的行为予以严惩。无论是男教师还是女教师，只要对不满十四周岁学生实施猥亵行为的，无论受害者是男生还是女生，都构成猥亵儿童罪；以暴力、胁迫或者其他方法对已满十四周岁的学生实施强制猥亵行为的，构成强制猥亵罪。教育部在《未成年人学校保护规定》中特别强调，严禁教师实施抚摸、故意触碰学生身体特定部位等猥亵行为。

扩展解读

有些教师虽然没有与未成年学生发生性关系，但是却实施了亲吻、抠摸以及抚摸、故意触碰学生身体特定部位等猥亵行为，这都为法律所不允许。教师需要明白以下四点内容：

第一，抚摸、故意触碰学生身体特定部位等属于猥亵行为。《未成年人学校保护规定》第24条第2款明确规定，学校应当采取必要措施预防并制止教职工等实施抚摸、故意触碰学生身体特定部位等猥亵行为。猥亵行为通常是行为人为了满足性欲或者达到性刺激，用性交以外的方式实施的淫秽行为，如亲吻、搂抱、抠摸、手淫以及抚摸、故意触碰他人身体特定部位等。教师绝对不能对学生实施猥亵行为，否则将构成违法犯罪，受到法律的严惩。

在上述张某猥亵儿童案中，张某在深夜进入女生宿舍，对时年十二周岁的女生进行猥亵，抚摸了女生的肩部、胸部、腰部，并触碰了她的腿部，这些行为均属于猥亵行为。因此，张某因犯猥亵儿童罪，被判处有期徒刑六年六个月，其本人也将不得再从事教师职业。

第二，对已满十四周岁的学生实施强制猥亵行为的，可能构成强制猥亵罪；对已满十四周岁的未成年男性实施猥亵且造成轻伤以上后果的，可能构成故意伤害罪。

根据我国《刑法》第237条第1款规定，以暴力、胁迫或者其他方法强制猥亵他人或者侮辱妇女的，处五年以下有期徒刑或者拘役。这里的“他人”既有可能是女性也有可能是男性，如果教师对年满十四周岁的男学生或者女学生进行强制猥亵，则有可能被追究强制猥亵他人罪。据媒体报道，四川某中学男教师梁某多年来性侵二十多名男学生，梁某利用其教师身份对班上男学生或曾经的男学生实施不同程度的性侵犯，部分学生受到侵害时处于未成年。为此，梁某因为强制猥亵罪被刑事拘留并被批准逮捕。

侮辱妇女通常是指行为人违背妇女的意愿，以暴力、胁迫或者其他方式侮辱妇女的行为，如故意向妇女裸露生殖器，向妇女身上涂抹污物，以恶意追逐、堵截妇女等手段对女性进行侮辱的行为。如果教师侮辱妇女且情节恶劣，则有可能会因侮辱妇女罪被追究刑事责任。

根据《关于依法惩治性侵害未成年人犯罪的意见》第22条第2款规定，教师对已满十四周岁的未成年男性实施猥亵，造成被害人轻伤以上后果，符合刑法相关规定的，可能会以故意伤害罪或者故意杀人罪对教师定罪处罚。所以，男童同样是受到保护的对象，教师同样不得对男童实施性侵害。

第三，如果猥亵不满十四周岁的未成年学生，则可能构成猥亵儿童罪或者故意伤害罪、故意杀人罪。

我国《刑法》第237条第2款专门就猥亵儿童罪进行了规定，其保护的对象是不满十四周岁的未成年人。所以，如果教师猥亵不满十四周岁的未成年人（不管是女学生还是男学生），均有可能构成猥亵儿童罪，并被判处五年以下有期徒刑。如果猥亵手段恶劣或者有其他恶劣情节的，则有可能被判处五年以上有期徒刑。2017年1月，澎湃新闻曾以《校园保护之痛：近3年31名教师猥亵128名儿童》为题报道学生受到教师猥亵的情形，“近3年间，教师被判猥亵儿童罪的案件共有31起”，其中“猥亵男童”案件共有十二起，平均每个案犯曾对五名男童实施过猥亵，这些教师都因为猥亵行为而受到了刑事处罚。

我国《刑法》规定了四种有可能判处五年以上有期徒刑的情形，一是猥亵儿童多人或者多次的；二是聚众猥亵儿童的，或者在公共场所当众猥亵儿童，情节恶劣的；三是造成儿童伤害或者其他严重后果的；四是猥亵手段恶劣或者有其他恶劣情节的。最高人民法院、最高人民检察院、公安部、司法部发布的《关于依法惩治性侵害未成年人犯罪的意见》第25条还规定了对强奸、猥亵犯罪的从重处罚情节，如果对未成年人负有特殊职责的教师等人员，进入未成年人住所、学生集体宿舍实施强奸、猥亵犯罪，以及对不满十二周岁的儿童、农村留守儿童等实施强奸、猥亵犯罪的，则更要依法从严惩处。在张某猥亵儿童案中，张某进入学生集体宿舍对时年十二周岁的王某某实施猥亵，且王某某是农村留守儿童，符合从严惩处的情形，因此，张某被判处有期徒刑六年六个月。

此外，《关于依法惩治性侵害未成年人犯罪的意见》第22条第1款规定，实施猥亵儿童犯罪，造成儿童轻伤以上后果，同时构成故意伤害罪、故意杀人罪的，依照处罚较重的规定定罪处罚。也就是说，与对已满十四周岁的未成年学生实施猥亵类似，如果教师使用暴力、胁迫或者其他方式对不满十四周岁的未成年学生实施猥亵，其会被认定为猥亵儿童罪，同时构成故意伤害罪、故意杀人罪的，具体将依照处罚较重的规定定罪处罚。

第四，在学校等公众场所“当众”猥亵的，则会被加重处罚。

性侵害犯罪具有很强的私密性特点，所以行为人通常会选择隐秘地点作案。但是，聚众或者在公共场所强制猥亵他人、侮辱妇女或者猥亵儿童的，影响更为恶劣，对被害人的伤害更大，其量刑应当更重。因此，我国《刑法》第237条第2款规定了加重情节，即如果行为人聚众或者在公共场所当众强制猥亵他人或者侮辱妇女的，或者有其他恶劣情节的，则有可能被判处五年以上有期徒刑。

根据《关于依法惩治性侵害未成年人犯罪的意见》第23条规定，校园属于公共场所之一，只要有其他多人在场，不论在场人员是否实际看到，均认定行为人“当众”实施了性侵害行为。因此，如果教师在教室、宿舍、办公室等场地对学生实施强奸、强制猥亵等行为，只要有其他学生或者老师多人在场，都属于教师“当众”实施了性侵害，其受到的惩处更加严重。如在肖某猥亵儿童一案[①]中，小学代课教师肖某以学生卢某某（时年不满十二周岁）午睡时间影响他人休息为由，将其叫到讲台旁边睡觉。趁卢某某午休时，肖某多次抚摸其大腿及大腿内侧，并用手触碰卢某某胸部、阴部等，其在讲台上实施猥亵的行为属于在公共场所当众猥亵，最终人民法院判处肖某六年有期徒刑。

相关规定

《刑法》

第二百三十七条　以暴力、胁迫或者其他方法强制猥亵他人或者侮辱妇女的，处五年以下有期徒刑或者拘役。

聚众或者在公共场所当众犯前款罪的，或者有其他恶劣情节的，处五年以上有期徒刑。

猥亵儿童的，处五年以下有期徒刑；有下列情形之一的，处五年以上有期徒刑：

（一）猥亵儿童多人或者多次的；

（二）聚众猥亵儿童的，或者在公共场所当众猥亵儿童，情节恶劣的；

（三）造成儿童伤害或者其他严重后果的；

（四）猥亵手段恶劣或者有其他恶劣情节的。

《未成年人学校保护规定》

第二十四条第二款　学校应当采取必要措施预防并制止教职工以及其他进入校园的人员实施以下行为：

---

①　参见四川省渠县人民法院（2021）川1725刑初54号刑事判决书，判决已生效，载中国裁判文书网。

（一）与学生发生恋爱关系、性关系；

（二）抚摸、故意触碰学生身体特定部位等猥亵行为；

……

（六）其他构成性骚扰、性侵害的违法犯罪行为。

《最高人民法院、最高人民检察院、公安部、司法部关于依法惩治性侵害未成年人犯罪的意见》

22. 实施猥亵儿童犯罪，造成儿童轻伤以上后果，同时符合刑法第二百三十四条或者第二百三十二条的规定，构成故意伤害罪、故意杀人罪的，依照处罚较重的规定定罪处罚。

对已满十四周岁的未成年男性实施猥亵，造成被害人轻伤以上后果，符合刑法第二百三十四条或者第二百三十二条规定的，以故意伤害罪或者故意杀人罪定罪处罚。

23. 在校园、游泳馆、儿童游乐场等公共场所对未成年人实施强奸、猥亵犯罪，只要有其他多人在场，不论在场人员是否实际看到，均可以依照刑法第二百三十六条第三款、第二百三十七条的规定，认定为在公共场所“当众”强奸妇女，强制猥亵、侮辱妇女，猥亵儿童。

25. 针对未成年人实施强奸、猥亵犯罪的，应当从重处罚，具有下列情形之一的，更要依法从严惩处：

（1）对未成年人负有特殊职责的人员、与未成年人有共同家庭生活关系的人员、国家工作人员或者冒充国家工作人员，实施强奸、猥亵犯罪的；

（2）进入未成年人住所、学生集体宿舍实施强奸、猥亵犯罪的；

（3）采取暴力、胁迫、麻醉等强制手段实施奸淫幼女、猥亵儿童犯罪的；

（4）对不满十二周岁的儿童、农村留守儿童、严重残疾或者精神智力发育迟滞的未成年人，实施强奸、猥亵犯罪的；

（5）猥亵多名未成年人，或者多次实施强奸、猥亵犯罪的；

（6）造成未成年被害人轻伤、怀孕、感染性病等后果的；

（7）有强奸、猥亵犯罪前科劣迹的。

5 严禁教师对学生进行性骚扰

典型案例

在中小学校中，一些教师通过作出调戏、挑逗或者具有性暗示的语言或者行为，给学生带来不适感。在学生投诉后，被当地教育行政部门调查。

朱某某性骚扰多名未成年女学生案[①]

据《潇湘晨报》等报道，2021年4月13日晚10时许，沙市二中女生在网上曝光了该校教师朱某某与她的微信聊天截图，朱某某在微信中给该女生的留言和言语中很多是鼓励女生尝试性和爱的。除此以外，还有其他学生爆料朱某某让他们光脚罚站、跪在地上背书。

2021年4月14日，荆州市沙市区教育局官方公众号上发布

① 《停职！男教师称要帮抑郁女学生走出心理阴影，却连发黄色信息，辩称：我不想你太痛苦》，载《潇湘晨报》百家号2021年4月14日，https://baijiahao.baidu.com/s?id=1697009607358390012&wfr=spider&for=pc。

《关于网上反映沙市二中教师朱某某相关情况的通报》称，2021年4月13日晚10时许，网上出现关于沙市二中朱某某涉嫌言语骚扰女学生的情况，荆州市沙市区教育局高度重视，第一时间成立工作专班，迅速开展调查核实，现已责成学校暂停该教师的一切工作并配合调查。沙市区教育局表示，对师德师风违规行为坚持“零容忍”态度，有关情况一经查实，将依法依规严肃处理。

要点提示

教育部在《未成年人学校保护规定》中特别强调了禁止教师实施的三种类型对学生性骚扰行为:（一）对学生作出调戏、挑逗或者具有性暗示的言行;（二）向学生展示传播包含色情、淫秽内容的信息、书刊、影片、音像、图片或者其他淫秽物品;（三）其他构成性骚扰的违法犯罪行为。

扩展解读

我国《妇女权益保障法》从保障妇女合法权益的角度作出规定，禁止对妇女实施性骚扰。如果行为人构成违反治安管理行为的，受害人可以提请公安机关对违法行为人依法给予行政处罚，也可以依法向人民法院提起民事诉讼。我国《民法典》第1010条第1款规定，“违背他人意愿，以言语、文字、图像、肢体行为等方式对他人实施性骚扰的，受害人有权依法请求行为人承担民事责任”，该条对性骚扰的行为方式作出了明确规定，而且“他人”包括女性也包括男性。教育部《未成年人学校保护规定》规定得更加具体，主要列举了三类教师对学生进行性骚扰的行为:

第一，教师不得对学生作出调戏、挑逗或者具有性暗示的言行。

调戏、挑逗等既可以是语言上的，也有可能是行为上的，这些都会给学生带来不适感。比如，在朱某某性骚扰多名未成年女学生案中，朱某某对女学生说各种露骨语言，还有让学生跪在地上、把头放在教师腿上等行为。在一些案例中，也有教师以鼓励学生建立自信之名，让学生拉开校服拉链、夸学生胸型好、询问学生有否做胸部按摩操等行为，这都是具有性暗示的、不受欢迎的言行，都与教师的身份和形象不符，是性骚扰行为，必须受到严厉禁止。

第二，教师不得向学生展示传播包含色情、淫秽内容的信息、书刊、影片、音像、图片或者其他淫秽物品。

《未成年人保护法》第50条规定，禁止制作、复制、出版、发布、传播含有宣扬淫秽、色情等危害未成年人身心健康内容的图书、报刊、电影、广播电视节目、舞台艺术作品、音像制品、电子出版物和网络信息等。该法第52条还特别规定，禁止制作、复制、发布、传播或者持有有关未成年人的淫秽色情物品和网络信息。《教师法》第8条第5项规定，教师应当制止有害于学生的行为或者其他侵犯学生合法权益的行为，批评和抵制有害于学生健康成长的现象。上述规定都强调，要避免未成年人受到淫秽、色情等不法信息的侵害。

包含色情、淫秽内容的信息、书刊、影片、音像、图片或者其他淫秽物品都不利于未成年人的身心健康，教师更应该为人师表，自觉抵制这些有害于学生健康成长的不良信息，如果向学生展示、传播，那么就属于性骚扰的方式之一。如果达到违法犯罪的程度，教师还要承担相应的法律责任。

第三，教师不得实施其他构成性骚扰的违法犯罪行为。

这是《未成年人学校保护规定》第24条规定的兜底性条款，主要是指除对学生作出调戏、挑逗或者具有性暗示的言行以及向学生展示传播包含色情、淫秽内容的信息、书刊、影片、音像、图片或者其他淫秽物品外的性骚扰行为，这些性骚扰行为也有可能达到违法犯罪程度，需要受到治安管理处罚或者承担刑事法律责任。

2018年11月，教育部在印发《新时代高校教师职业行为十项准则》《新时代中小学教师职业行为十项准则》《新时代幼儿园教师职业行为十项准则》的通知时特别强调，对于有虐待、猥亵、性骚扰等严重侵害学生行为的，一经查实，要撤销其所获荣誉、称号，追回相关奖金，依法依规撤销教师资格、解除教师职务、清除出教师队伍，同时还要录入全国教师管理信息系统，任何学校不得再聘任其从事教学、科研及管理等工作。涉嫌违法犯罪的要及时移送司法机关依法处理。因此，只要发生教师性骚扰学生的事件，教师就将受到严厉处罚。

相关规定

《民法典》

第一千零一十条　违背他人意愿，以言语、文字、图像、肢体行为等方式对他人实施性骚扰的，受害人有权依法请求行为人承担民事责任。

机关、企业、学校等单位应当采取合理的预防、受理投诉、调查处置等措施，防止和制止利用职权、从属关系等实施性骚扰。

《未成年人保护法》

第五十条　禁止制作、复制、出版、发布、传播含有宣扬淫秽、色情、暴力、邪教、迷信、赌博、引诱自杀、恐怖主义、分裂主义、极端主义等危害未成年人身心健康内容的图书、报刊、电影、广播电视节目、舞台艺术作品、音像制品、电子出版物和网络信息等。

《妇女权益保障法》

第四十条　禁止对妇女实施性骚扰。受害妇女有权向单位和有关机关投诉。

第五十八条　违反本法规定，对妇女实施性骚扰或者家庭暴力，构成违反治安管理行为的，受害人可以提请公安机关对违法行为人依法给予行政处罚，也可以依法向人民法院提起民事诉讼。

《教师法》

第八条　教师应当履行下列义务：

……

（五）制止有害于学生的行为或者其他侵犯学生合法权益的行为，批评和抵制有害于学生健康成长的现象；

（六）不断提高思想政治觉悟和教育教学业务水平。

《治安管理处罚法》

第四十二条　有下列行为之一的，处五日以下拘留或者五百元以下罚款；情节较重的，处五日以上十日以下拘留，可以并处五百元以下罚款：

……

（五）多次发送淫秽、侮辱、恐吓或者其他信息，干扰他人正常生活的；

……

《未成年人学校保护规定》

第二十四条 学校应当建立健全教职工与学生交往行为准则、学生宿舍安全管理规定、视频监控管理规定等制度，建立预防、报告、处置性侵害、性骚扰工作机制。

学校应当采取必要措施预防并制止教职工以及其他进入校园的人员实施以下行为：

（一）与学生发生恋爱关系、性关系；

（二）抚摸、故意触碰学生身体特定部位等猥亵行为；

（三）对学生作出调戏、挑逗或者具有性暗示的言行；

（四）向学生展示传播包含色情、淫秽内容的信息、书刊、影片、音像、图片或者其他淫秽物品；

（五）持有包含淫秽、色情内容的视听、图文资料；

（六）其他构成性骚扰、性侵害的违法犯罪行为。

《教育部关于印发〈新时代高校教师职业行为十项准则〉〈新时代中小学教师职业行为十项准则〉〈新时代幼儿园教师职业行为十项准则〉的通知》

四、……对于有虐待、猥亵、性骚扰等严重侵害学生行为的，一经查实，要撤销其所获荣誉、称号，追回相关奖金，依法依规撤销教师资格、解除教师职务、清除出教师队伍，同时还要录入全国教师管理信息系统，任何学校不得再聘任其从事教学、科研及管理等工作。涉嫌违法犯罪的要及时移送司法机关依法处理。要严格落实学校主体责任，建立师德建设责任追究机制，对师德违规行为监管不力、拒不处分、拖延处分或推诿隐瞒等失职失责问题，造成不良影响或严重后果的，要按照干部管理权限严肃追究责任。

《新时代中小学教师职业行为十项准则》

七、坚持言行雅正。为人师表，以身作则，举止文明，作风正派，自重自爱；不得与学生发生任何不正当关系，严禁任何形式的猥亵、性骚扰行为。

《新时代幼儿园教师职业行为十项准则》

六、关心爱护幼儿。呵护幼儿健康，保障快乐成长；不得体罚和变相体罚幼儿，不得歧视、侮辱幼儿，严禁猥亵、虐待、伤害幼儿。

6 严禁教师持有包含淫秽、色情内容的视听、图文资料

典型案例

人民教师应该为人师表，遵纪守法，但是有一些教师却放松了对自己的要求，因传播淫秽物品罪被判处刑罚。

罗某传播淫秽物品案[①]

罗某是一名人民教师，2015年6月25日，他申请建立了一个群名为“某夜”的QQ群，并允许不特定人加入该群上传视频、图片，至案发时群内共有成员358人。该QQ群建立以来，群内上传了大量包含淫秽、色情内容的视频、图片供群成员观

---

① 江苏省海安县人民法院（2016）苏0621刑初20号刑事判决书，判决已生效，载中国裁判文书网。

看。经鉴定，其中有398部视频、38张图片系淫秽物品。上述淫秽物品中，有330部淫秽视频、12张淫秽图片系群内成员谢某上传；有57部淫秽视频、22张淫秽图片系群内成员刘某上传。

在接受公安机关讯问时，罗某承认其建立“某夜”QQ群的目的是和群成员相互交流带有色情内容的视频、图片，且为了防止该群因涉黄内容被封，他申请了后备群，并向群员进行宣传。人民法院经审理认为，罗某作为该群的建立者和直接管理者，理应对群内所有成员所上传、发布的淫秽视频、图片承担责任，罗某与谢某、刘某利用互联网传播淫秽视频、图片，其行为均已构成传播淫秽物品罪。被告人罗某系群组建立者，被告人谢某、刘某系主要传播者，故罗某分别与谢某、刘某在共同作案部分成立共同犯罪。三被告人在共同犯罪中均起主要作用，均系主犯，依法应当按照各自所参与的全部犯罪处罚。最后，判决罗某犯传播淫秽物品罪，判处拘役四个月，缓刑六个月；谢某犯传播淫秽物品罪，判处拘役三个月，缓刑五个月；刘某犯传播淫秽物品罪，判处拘役二个月，缓刑四个月。

要点提示

新修订的《未成年人保护法》在禁止制作、复制、发布、传播有关未成年人的淫秽色情物品和网络信息基础上，特别增加了禁止“持有”，也就是禁止任何人持有以未成年人为对象的淫秽色情物品。教育部在《未成年人学校保护规定》对教师提出了更高标准的要求，明确规定禁止教师持有包含淫秽、色情内容的视听、图文资料。

扩展解读

第一，严禁教师持有包含淫秽、色情内容的视听、图文资料。

我国《刑法》第363条、第364条规定了制作、复制、出版、贩卖、传播淫秽物品牟利罪和传播淫秽物品罪，如果行为人以牟利为目的，制作、复制、出版、贩卖、传播淫秽物品，或者传播淫秽的书刊、影片、音像、图片或者其他淫秽物品，情节严重的，都有可能被判处刑罚。如上述案例中的罗某因犯传播淫秽物品罪，被判处拘役四个月，缓刑六个月。

在一些国家，持有、浏览以未成年人为对象的色情制品将构成犯罪，我国原本对此缺乏明确法律规定，2020年修订后的《未成年人保护法》对“持有”行为进行了规制。该法第52条除禁止任何人制作、复制、发布、传播有关未成年人的淫秽色情物品和网络信息外，还特别规定禁止“持有”行为。尽管只增加了两个字，但这是一个重大变化，体现了我国对“持有”以未成年人为对象的色情制品等行为的鲜明态度。

《未成年人学校保护规定》对教师提出了更加严格的要求，教师不仅不得持有以未成年人为对象的色情制品，而且不得持有任何含有淫秽、色情内容的视听、图文资料。一位初中数学老师在办公室播放黄色视频，当时正是工作时间，无意中被校长发现，这位教师因此受到处分。像这样持有淫秽视频并且在办公场所播放的行为严重违背了师德，破坏了教师的良好社会形象。

第二，持有包含淫秽、色情内容的视听、图文资料的教师将受到处罚。

根据《未成年人学校保护规定》第60条第2款规定，如果教师持有包含淫秽、色情内容的视听、图文资料，将被开除或者解聘；有教师资格的，由主管教育行政部门撤销教师资格，纳入从业禁止人员名单；涉嫌犯罪的，移送有关部门依法追究责任。

据2016年5月5日《北京晨报》报道，辽宁省某小学三年级部分家长投诉，女教师站在讲台上讲课，身后的电子白板上却出现了裸体男女拥吻的视频，共有3分钟之长，而且出现了两次这样的情况。教师自称电脑有病毒自动弹出，但家长无法接受，认为教师播放黄色视频的行为已经严重影响学生的身心健康。据了解，当地教育局已介入调查此事。很多网友认为，不论什么原因，课堂上出现不雅视频应属于教学事故，这也警醒教师不要在电脑上浏览、保存、播放包含淫秽、色情内容的视听、图文资料。

相关规定

《刑法》

第三百六十三条第一款 以牟利为目的，制作、复制、出版、贩卖、传播淫秽物品的，处三年以下有期徒刑、拘役或者管制，并处罚金；情节严重的，处三年以上十年以下有期徒刑，并处罚金；情节特别严重的，处十年以上有期徒刑或者无期徒刑，并处罚金或者没收财产。

第三百六十四条第一款 传播淫秽的书刊、影片、音像、图片或者其他淫秽物品，情节严重的，处二年以下有期徒刑、拘役或者管制。

《未成年人保护法》

第五十二条　禁止制作、复制、发布、传播或者持有有关未成年人的淫秽色情物品和网络信息。

《未成年人学校保护规定》

第二十四条第二款　学校应当采取必要措施预防并制止教职工以及其他进入校园的人员实施以下行为：

……

（五）持有包含淫秽、色情内容的视听、图文资料；

……

第七章

对教师保障学生安全的要求

教师作为学校的职工，是维护校园稳定、保障学生安全的重要责任主体。《未成年人保护法》《未成年人学校保护规定》均对此作出了明确规定。因此，教师必须在工作中切实履行相关职责，依法保障学生安全。

1 教师要对学生开展安全教育并对危险行为及时制止

典型案例

有些学生在学校受伤，会以学校未对学生进行安全教育、在安全管理上存在一定的疏忽大意等为由提起民事诉讼，要求学校承担赔偿责任。

唐某与黔江区X镇中心学校教育机构责任纠纷案[①]

重庆市黔江区某中心学校的初一学生唐某（时年十二周岁）在课间吊甩足球门框，致使足球门框倒下，将唐某砸伤。经鉴定，唐某构成七级伤残。唐某到人民法院提起诉讼，认为学校未对学生进行安全教育，未在涉案足球场门框处设置“禁止攀爬”等安全警示标志，该学校在安全管理上存在一定的疏忽大意，因此要求学校赔付医药费等费用。在开庭时，学校向人民法院提交了学校安全管理制度、学生的安全教育笔记等证据，用来证明学校平时对学生进行了安全教育。

一审法院和二审法院经审理认为，学校提交了唐某的四名

---

① 重庆市高级人民法院（2021）渝民申896号民事裁定书，载中国裁判文书网。

同班同学书写的事故发生的说明，该四人在事故发生时均在事故现场，其四人书写的内容能够证明引发唐某受伤事故发生的原因是唐某自己吊甩足球门框。而且，学校提交的学校安全管理制度、学生的安全教育笔记等证据，能够证明学校平时已对学生进行了安全教育。唐某自身的不慎行为是造成自己受伤的原因，因此认定学校对唐某受伤的事故无过错，从而不承担向唐某支付医疗费、残疾赔偿金、护理费等费用的责任。后唐某向重庆市高级人民法院申请再审，重庆市高级人民法院驳回了唐某的申请。

要点提示

教师在组织开展教育教学和课外活动时，应当对学生进行相应的安全教育，并在可预见的范围内采取必要的安全措施。在负有组织、管理未成年学生的职责期间，发现学生行为具有危险性时，要及时告诫或者制止。

扩展解读

学校和教师对学生承担教育、管理和保护职责，而教育是学校开展工作的基础。教师应当了解以下两点内容：

第一，通过多种方式对学生进行安全教育。

在上述唐某与黔江区某中心学校教育机构责任纠纷案中，唐某提起一审、二审以及再审诉讼的理由之一都是学校没有进行安全教育，但是因为学校举证证明已经制定了相关安全制度，开展了安全教育，人民法院判定学校不承担责任。

事实上，我国《未成年人保护法》《学生伤害事故处理办法》等也都明确规定学校要注重开展日常安全教育，教师要根据学生群体、年龄特点以及当地实际情况，通过入学教育、班会以及其他适当方式，开展课间活动、教室活动的安全教育以及针对防摔伤、防踩踏、防溺水、防意外伤害等进行专题教育，着力提高学生安全意识和自我防护能力。

第二，及时制止学生的危险性行为。

在学校安全责任方面，孩子越小，学校需要承担的责任越重。根据《民法典》等法律规定，如果八周岁以下的无民事行为能力人在幼儿园、学校或者其他教育机构学习、生活期间受到人身损害，学校需要承担过错推定责任，也就是由幼儿园、学校或者其他教育机构承担举证责任，如果不能证明其已尽到教育、管理职责的，承担侵权责任。如果已满八周岁不满十八周岁的限制民事行为能力人在学校或者其他教育机构学习、生活期间受到人身损害，学校或者其他教育机构承担过错责任，也就是说，学校或者其他教育机构未尽到教育、管理职责的，应当承担侵权责任。

安全无小事。学校和教师对学生承担着重要责任，因此，只要发现学生实施了某些危险行为，比如携带危险物品、做出危险动作等，都要及时制止，以免发生安全事故。最后需要强调的是，不同年龄段的未成年人存在理解和认知上的差异，教师应根据学生年龄以及认知能力的不同，采用相应的教育内容和预防措施。

相关规定

《民法典》

第一千一百九十九条 无民事行为能力人在幼儿园、学校或者其他教育机构学习、生活期间受到人身损害的，幼儿园、学校或者其他教育机构应当承担侵权责任；但是，能够证明尽到教育、管理职责的，不承担侵权责任。

第一千二百条 限制民事行为能力人在学校或者其他教育机构学习、生活期间受到人身损害，学校或者其他教育机构未尽到教育、管理职责的，应当承担侵权责任。

《未成年人保护法》

第三十五条第一款 学校、幼儿园应当建立安全管理制度，对未成年人进行安全教育，完善安保设施、配备安保人员，保障未成年人在校、在园期间的人身和财产安全。

《学生伤害事故处理办法》

第五条 学校应当对在校学生进行必要的安全教育和自护自救教育；应当按照规定，建立健全安全制度，采取相应的管理措施，预防和消除教育教学环境中存在的安全隐患；当发生伤害事故时，应当及时采取措施救助受伤害学生。

学校对学生进行安全教育、管理和保护，应当针对学生年龄、认知能力和法律行为能力的不同，采用相应的内容和预防措施。

《中小学幼儿园安全管理办法》

第四条 学校安全管理工作主要包括：

……

（四）加强安全宣传教育培训，提高师生安全意识和防护能力；

……

2 教师需要特别关注一些特定学生

典型案例

在实践中，有一些学生患有癫痫，但是家长以保护隐私为由不向学校反馈情况，那么学校需要对学生发病承担责任吗？

吴某明、潘某琴等教育机构责任纠纷案[①]

吴某是某小学一年级学生，平时患有癫痫，但是，吴某父母以保护孩子隐私为由未向学校告知吴某患有癫痫的情况。在一次放学前，吴某在教室突发癫痫，后被吴某的母亲和学校送到医院抢救，最后不治身亡。后吴某的父母将学校告上法庭，要求学校对吴某的死亡承担主要责任。

一审法院经审理认为，班主任将吴某留置在教室内且无其他教师陪伴，直至吴某的母亲潘某琴到教室后才发现吴某已晕倒在地，导致吴某未能在第一时间得到有效救治，因此学校存在一定过错。但吴某的父母向学校隐瞒病史，而且在吴某出现低热的情况下仍将其送至学校，也未告知教师在吴某在校期间予以观察、照顾，其作为吴某的监护人存在明显过错。因此，一审法院判决由学校承担15%的赔偿责任（172328.71元），其

① 江苏省盐城市中级人民法院（2020）苏09民终3351号民事判决书，载中国裁判文书网。

余损失由吴某父母自负。后吴某父母和学校均提起上诉，二审法院维持原判。

要点提示

教师知道学生有特异体质、特定疾病或者异常心理状况，要给予适当关注和照顾，不能安排其参加不宜参加的教育教学活动；学生坚持要求参加的，要征求父母或其他监护人的同意。发现学生突发疾病或者受到伤害的，要根据实际情况及时采取相应措施，以避免不良后果加重，并及时通知家长介绍有关情况。

扩展解读

一些学生有特异体质、特定疾病或者异常心理状况，教师必须给予特别关照，如果突发疾病，要第一时间进行救治。

第一，对有特异体质、特定疾病或者异常心理状况的学生给予关注和照顾。

《学生伤害事故处理办法》第9条第7项规定，“学生有特异体质或者特定疾病，不宜参加某种教育教学活动，学校知道或者应当知道，但未予以必要的注意的”，如果因此造成学生伤害，学校应当承担相应的责任。同时，该办法第10条第3项规定，如果学生或者其监护人未告知学校学生有特异体质，或者患有特定疾病，那么学生或者其监护人应当承担相应责任。可以看出，家长应当首先向学校报备学生的特异体质或者特定疾病，这样才便于学校对学生进行特殊关注和照顾，否则家长需要承担责任。

在上述吴某明、潘某琴等教育机构责任纠纷一案中，吴某明、潘某琴以保护孩子隐私为由向学校隐瞒吴某的癫痫病情，甚至吴某的班主任发现吴某写字非常吃力且平时反应迟钝、动作缓慢后，多次与吴某的母亲沟通，吴某的母亲虽然承认吴某存在这些情况，但是仍然没有与班主任和学校说过是什么原因造成的。因此，学校无法知道吴某的特定疾病，不能因为疾病本身而承担法律责任。当然，如果学校知道吴某患有特定疾病，但是教师没有予以必要的注意，那么学校需要承担的责任比例会更大。

第二，对突发疾病或受到伤害的学生进行及时救治。

《学生伤害事故处理办法》第9条第8项规定，“学生在校期间突发疾病或者受到伤害，学校发现，但未根据实际情况及时采取相应措施，导致不良后果加重的”，学校应当依法承担相应的责任。这一规定没有以学校是否知道或者应当知道学生有特定疾病为前提，只要发现学生突发疾病或者受到伤害，学校就要根据实际情况及时采取相应措施，并积极避免不良后果的加重。在上述吴某明、潘某琴等教育机构责任纠纷一案中，人民法院之所以判决学校要承担15%的责任，其主要理由就是学校没有安排教师在教室陪伴吴某，以至于未能及时对吴某采取救治措施。

在马某与某中学生命权、健康权、身体权纠纷一案中，已经在学校运动会前咳嗽了两个多月的马某（案发时十七周岁），在班主任老师不知情的情况下，临时代替同学参加1500米跑步比赛。因为当天的剧烈运动，导致马某心脏骤停后昏迷。当时，正好有一辆医院的救护车停在操场，学校紧急联系医护人员施救，最后，马某的生命保住了，但却被评为精神智力障碍九级伤残。马某认为学校应当承担责任，因此向人民法院提起诉讼。

人民法院认为，班主任在班级进行了会前安全教育，且学校在事后对马某进行了及时救治，措施有力，因此判定学校不承担责任。

相关规定

《未成年人保护法》

第四条 保护未成年人，应当坚持最有利于未成年人的原则。处理涉及未成年人事项，应当符合下列要求：

……

（四）适应未成年人身心健康发展的规律和特点；

……

《学生伤害事故处理办法》

第九条 因下列情形之一造成的学生伤害事故，学校应当依法承担相应的责任：

……

（七）学生有特异体质或者特定疾病，不宜参加某种教育教学活动，学校知道或者应当知道，但未予以必要的注意的；

（八）学生在校期间突发疾病或者受到伤害，学校发现，但未根据实际情况及时采取相应措施，导致不良后果加重的；

……

第十条 学生或者未成年学生监护人由于过错，有下列情形之一，造成学生伤害事故，应当依法承担相应的责任：

……

（三）学生或者其监护人知道学生有特异体质，或者患有特定疾病，但未告知学校的；

（四）未成年学生的身体状况、行为、情绪等有异常情况，监护人知道或者已被学校告知，但未履行相应监护职责的；

……

3 教师对涉及学生人身安全的信息要及时通知家长

典型案例

有的教师缺乏对学生离校的敏感度，以至于没有及时通知家长，报告学校，最后酿成了惨剧。

阿某、曲某与某教育机构责任纠纷案[①]

阿某（案发时年满十一周岁）等人在一所寄宿制学校读书。2020年6月6日早上10时前，班主任李老师发现前一日晚上学生阿某、袁某、唐某、林某、李某等人在学校参与过打架事件，便通过微信群通知了涉事学生的家长到学校。阿某和同学袁某、唐某三人担心被家长责骂，为了逃避，就想翻墙外出，在第一节课下课期间（10∶45—10∶55），利用围墙（高1.73米）附近的垃圾桶翻出围墙。在三人走路下悬崖的过程中，阿某失足摔下悬崖死亡。据了解，第二节课上课（10∶55）时，班上其他学生将阿某等三人翻墙出校的事情告诉了班主任李老师，李老师上完第二节课（11∶40）后，才向学校校长汇报了这一情况。阿某的父母

---

① 四川省凉山彝族自治州中级人民法院（2021）川34民终497号民事判决书，载中国裁判文书网。

认为，学校教师没有及时展开寻找，黄金的寻找时间已经过去，加大了学生遇到危险的可能性，教师在履行职务中存在重大过失。所以，阿某的父母到人民法院提起民事诉讼。

一审法院经审理认为，阿某在未告知班主任老师，也未经学校其他管理人员允许的情况下，违反学校规章制度，翻越围墙离开了学校，走悬崖上的小路，将自身置于危险的环境，对事故的发生有主要的过错。班主任教师没有及时向学校汇报，学校在围墙边放置有垃圾桶，增加了学生翻墙外出的风险，学校存在一定过错。最后，一审法院酌情确定由被告承担30%的赔偿责任，其余损失由家长自行承担。

阿某的父母提起了上诉。二审法院经审理认为，学校为寄宿制学校，在学生进入校园后，学校应承担起相应的管理责任，但事发当天，在学生告知老师阿某等三人翻墙出校的情况下，该老师未及时上报或采取必要的措施防止危险的发生，系导致此次事故发生的原因之一。另外，阿某是限制民事行为能力人，应当对自己的行为可能造成的后果有一定的预见能力。因此，二审法院最终判定学校承担50%的赔偿责任。

要点提示

对未成年学生无故迟到、擅自离校、无故早退、打架斗殴、自杀、自残、自伤以及其他与学生人身安全直接相关的信息，教师发现后要及时通知家长。教师因为上课等原因无法亲自通知的，要联系学校相关部门通知家长，以避免学生因脱离监护人的保护而发生意外伤害。

扩展解读

一旦发现学生出现了擅自离校等情况，学校教师应当及时通知家长，并立即进行寻找，必要时还要向有关部门报告。

第一，出现与学生人身安全直接相关的异常情况时，应当及时通知学生家长。

父母具有抚养、教育和保护未成年人的法定义务，《未成年人保护法》第16条规定未成年人的父母或者其他监护人（统称为“家长”）应当为未成年人提供生活、健康、安全等方面的保障，关注其生理、心理状况和情感需求。在家长把孩子送到学校以后，学校教师应当保障未成年人的安全，因此，当教师发现学生无故迟到早退、擅自离校、打架斗殴、自杀、自残、身体状况或者情绪反应明显异常、突发疾病或者受到伤害的，应当及时通知家长。当然，教师也应当与家长建立有效联系渠道，可以通过家访、家长课堂、家长会等多种方式与学生家长建立日常沟通。

《学生伤害事故处理办法》第9条第11项明确规定，对未成年学生擅自离校等与学生人身安全直接相关的信息，学校发现或者知道，但未及时告知未成年学生的监护人，导致未成年学生因脱离监护人的保护而发生伤害的，那么，学校应当依法承担相应的责任。在上述阿某、曲某与某教育机构责任纠纷案中，班主任老师发现阿某与同学打架后通过微信联系了家长，意在由家长配合学校参与管理教育，其行为具有合理性。但是，当阿某在校期间翻墙离校以后，班主任老师虽然知情却置之不理，既没有及时向学校报告，也没有通知家长，更谈不上及时制止学生的危险行为，以至于贻误了最佳救援时机。因此，二审人民法院改判学校承担50%的责任。

第二，情形严重时，教师应当向教育行政部门以及有关部门报告。

《未成年人学校保护规定》和《学生伤害事故处理办法》都作出规定，不论是在校内还是在本校组织的校外活动中发生人身伤害事故，学校都应当及时向主管教育行政部门及有关部门报告。教师处在教育教学的第一线，在发现异常情况后，应当及时向学校相关领导报告。如果属于重大伤亡事故，教育行政部门还应当及时向同级人民政府和上一级教育行政部门报告。

在上述案件中，校长罗某接到班主任老师的报告后，立即组织学校相关人员到学校周边寻找阿某等人，并电话联系当地党委政府和派出所，请求给予协助。事故发生后，学校垫付了阿某的丧葬费用3万元，乡政府也对阿某所在家庭进行民政救助2万元，一定程度上缓解了双方的矛盾。学校、教育行政部门和有关部门在接到报告后会协调相关资源，积极介入案、事件的处理，尽可能避免造成进一步伤害或者形成舆情事件。所以，必要时，教师要通过学校向教育行政部门或者有关部门进行报告。

相关规定

《未成年人保护法》

第十六条 未成年人的父母或者其他监护人应当履行下列监护职责：

（一）为未成年人提供生活、健康、安全等方面的保障；

（二）关注未成年人的生理、心理状况和情感需求；

（三）教育和引导未成年人遵纪守法、勤俭节约，养成良好的思想品德和行为习惯；

（四）对未成年人进行安全教育，提高未成年人的自我保护意识和能力；

……

《未成年人学校保护规定》

第七条第二款　学生在校内或者本校组织的校外活动中发生人身伤害事故的，学校应当依据有关规定妥善处理，及时通知学生家长；情形严重的，应当按规定向有关部门报告。

第四十六条　学校应当建立与家长有效联系机制，利用家访、家长课堂、家长会等多种方式与学生家长建立日常沟通。

学校应当建立学生重大生理、心理疾病报告制度，向家长及时告知学生身体及心理健康状况；学校发现学生身体状况或者情绪反应明显异常、突发疾病或者受到伤害的，应当及时通知学生家长。

《学生伤害事故处理办法》

第九条　因下列情形之一造成的学生伤害事故，学校应当依法承担相应的责任：

……

（十一）对未成年学生擅自离校等与学生人身安全直接相关的信息，学校发现或者知道，但未及时告知未成年学生的监护人，导致未成年学生因脱离监护人的保护而发生伤害的；

……

第十六条　发生学生伤害事故，情形严重的，学校应当及时向主管教育行政部门及有关部门报告；属于重大伤亡事故的，教育行政部门应当按照有关规定及时向同级人民政府和上一级教育行政部门报告。

4 教师对存在安全风险的课程要在现场指导教学和进行管理

典型案例

在一些化学、体育等存在安全风险的课程中，有些教师没有充分预见课程内容的危险性，亦没有采取有效措施，导致出现了教学事故。

刘某与某中学教育机构责任纠纷案[①]

刘某是初中学生，年满十四周岁。2018年5月9日下午，刘某在学校实验室做化学实验时面部及右耳被烧伤。刘某的家长认为，虽然刘某事发时已满十四周岁，但对第一次化学实验课的危险是无法预知和防范的。学校开设化学实验课就要防范到位，只是口头说教几句就指望学生完全记住并认识到化学实验的危险是不切实际的，且老师在未提前进行演示的情况下即让未成年的学生自己动手做实验是严重失职。因此，家长要求学校承担全部责任。学校辩称，学校已经多次进行安全教育，本案事故并非酒精灯爆炸，而是刘某回头时头发扫到酒精灯上，并非学校提供的教学设备有安全隐患。

① 北京市第二中级人民法院（2021）京02民终3701号民事判决书，载中国裁判文书网。

一审法院经审理认为，学校在开展“高锰酸钾制氧气”实验课程时应当尽到审慎的教育、管理职责，其未能在可预见的范围内采取必要的安全防范措施系导致刘某受伤的主要原因。刘某虽未成年，但应具有与其年龄相当的注意义务，对于化学实验课内容及活动幅度等均应有所了解，在此基础上应小心谨慎、量力而行，其未尽到一般注意义务系导致自身受伤的次要原因。因此，法院最终判决学校承担70%的责任。此后，刘某提起上诉，二审法院维持了原判。

要点提示

对化学课、物理课、体育课等存在安全风险的课程或者活动，教师要认真组织学生按照要求或者规程进行，对可能具有危险的行为提前向学生说明或者警示，并且要在现场管理和指导学生，不能擅离职守。

扩展解读

体育课、化学课等课程存在一定的危险性，任课教师更应当按照相关要求开展教学活动，以避免发生危险。

第一，教师要认真开展课前教育或者热身活动。

《学生伤害事故处理办法》第9条第4项规定，学校组织学生参加教育教学活动或者校外活动时，如果未对学生进行相应的安全教育，并未在可预见的范围内采取必要的安全措施，造成学生伤害事故的，学校应当依法承担相应责任。化学课、物理课、体育课等能培养学生的动手能力、实践能力以及合作精神，是学校开展教育教学活动的重要内容。但是，相较于普通教学课程，这些课程又具有一定的危险因素，教师更应当履行审慎的教育、管理职责，注意在正式开始前按照操作规程进行安全教育，教师要指导学生规范操作，预防和清除不安全因素。在上体育课开展正式运动之前，教师也应当按照相关规定进行热身活动，关注学生体育能力和体质水平差异，循序渐进地提高运动强度，积极避免伤害事故的发生。否则，学校将要承担相应责任。

在上述刘某与某中学教育机构责任纠纷案中，刘某及其家长认为，老师在未提前进行演示的情况下即让未成年的学生自己动手做实验是严重失职。但是，刘某及其家长在庭审中也承认，上实验课前，老师已经口头对学生进行过安全教育，在教室里和进入实验室前分别就实验器材的使用方式和注意事项告知了学生，而且老师也边做实验边讲解高锰酸钾的知识及其特性。因此，人民法院认定，教师在开展安全教育、讲解操作规程、指导学生规范操作等方面并无不当。

第二，教师要在现场全程管理和指导学生。

在实践中，教师擅自离开课堂属于教学事故之一，学校有可能会给予教育行政处分。而对于化学课、物理课、体育课等存在安全风险的课程，如果教师擅自离开而不能在现场全程进行管理，则无法及时制止学生的危险行为，也不能采取必要的安全措施，容易出现安全事故。多年前，一位初中化学老师临时有事离开课堂，但就在他离开以后，学生做实验时引发了火灾，造成了非常严重的后果。

在体育课上，有些教师可能因为安排体育器材、指导个别学生等原因而出现不在课程现场的情况；在学生开展对抗性比较强、比较危险的体育活动时，未在现场进行指导；在学生发生争吵或者冲突时，未在现场发现或者及时制止，这些都是未有效履行法定义务的情形。比如，在某小学、冯某生命权、健康权、身体权纠纷案[①]中，体育老师因指导其他学生进行啦啦操训练而未及时发现冯某、纪某等人与王某发生肢体冲突，并造成王某受伤。人民法院经审理认为，该小学所安排老师仅为一名，对学生的监管能力有限，以至于在指导其他学生进行啦啦操训练时，未能及时制止王某与冯某等人的冲突，使学生处于无老师管理状态，应承担相应的责任。因此，法院最终判定学校承担70%的赔偿责任。

相关规定

《中小学幼儿园安全管理办法》

第二十八条　学校在日常的教育教学活动中应当遵循教学规范，落实安全管理要求，合理预见、积极防范可能发生的风险。

学校组织学生参加的集体劳动、教学实习或者社会实践活动，应当符合学生的心理、生理特点和身体健康状况。

学校以及接受学生参加教育教学活动的单位必须采取有效措施，为学生活动提供安全保障。

《学生伤害事故处理办法》

第九条　因下列情形之一造成的学生伤害事故，学校应当依法承担相应的责任：

……

① 参见天津市人民法院（2018）津01民终9141号民事判决书，载中国裁判文书网。

（四）学校组织学生参加教育教学活动或者校外活动，未对学生进行相应的安全教育，并未在可预见的范围内采取必要的安全措施的；

……

5 教师应当对突发疾病或受到伤害的学生及时救助

典型案例

在学生受到伤害后，有的学校没有及时进行救治，因而要承担主要责任。

程某与韩某、韩某云、某小学生命权、健康权、身体权纠纷案[①]

程某是某小学六年级学生，2019年3月18日上午第三节课间，程某与韩某等同学在操场上玩耍，在玩耍的过程中，韩某把程某推倒，造成其腿部骨折。程某在开庭时提到，第四节课是体育课，体育老师没有管程某；韩某先去学校医务室叫医生，但医生正在吃饭，让韩某回去，后来医生没有来；韩某又去叫班主任，班主任也没有来。直到上午放学，班主任才给程某的家长打电话，程某才被送到医院，此后程某一直住院治疗。作为被告之一，韩某也提到，学校体育教师、学校医务室的医生

① 河南省兰考县人民法院（2019）豫0225民初4680号民事判决书，判决已生效，载中国裁判文书网。

等都没有对程某及时救治，延误了治疗时间。

人民法院经审理认为，程某与韩某作为限制民事行为能力人，均应认识到自己的不当行为会造成他人或自己的损伤，因此，双方均应承担相应的责任。但是，学校未尽到教育管理职责，过错明显，应当承担主要责任。因此，法院最终判决程某与韩某承担责任比例各为15%，学校承担责任比例为70%。

要点提示

对突发疾病或者受到伤害的，教师应当及时联系校医进行救助；对问题严重或者情况紧急的，要及时将学生送到医院进行救治或者拨打120请求救治。此外，任何教师在遇到学生受伤或者其权益受到侵害后，都不能推脱，属于本职工作范围的，应当及时处理；不属于本职工作范围或者不能处理的，应当及时报告班主任或学校负责人；必要时可以直接向主管教育行政部门或者公安机关报告。

扩展解读

《未成年人学校保护规定》明确规定了首问负责制，学生受伤，任何教师发现后都要在第一时间进行救治，并且报告给班主任或者学校负责人。

第一，教师要第一时间对受伤害学生进行救治。

《未成年人保护法》第35条第1款规定，学校、幼儿园应当建立安全管理制度，对未成年人进行安全教育，完善安保设施、配备安保人员，保障未成年人在校、在园期间的人身和财产安全。不论是发生在学校内、幼儿园内还是本校、本园组织的校外、园外活动，只要发生人身伤害事故，学校就应当在第一时间组织教职工参与抢险、救助和防护，及时转移、疏散学生，或者采取其他必要防护措施，保障学校安全和师生人身财产安全。如果学生受伤了，专业医生也应当赶到现场。

教师和学校是否及时对受伤学生进行救治，是认定学校是否承担责任的因素之一。在上述案件中，程某与韩某课间在操场上玩耍时受伤，程某和韩某向学校和老师求救，老师却置之不理，甚至校医以正在吃饭为由打发韩某回去，这不仅违反了法律规定，同时也违反了基本职业道德。在这个过程中，教师存在明显过错，因此学校要承担主要责任。

在马某与某中学生命权、健康权、身体权纠纷一案中，马某在学校运动会上出现昏迷等情况，家长认为学校没有实施救治，但是人民法院经审理认为，虽然学校负有救护职责，但由现场的专业医护人员实施抢救能在最大程度上避免损害后果扩大，无疑是更好的选择，事实上也挽救了马某的生命。因此，马某提出学校无相应救治措施导致救治不及时的主张不能成立。马某所在学校不需要承担赔偿责任。该案与上一案形成鲜明对比，因为马某所在学校的操场上正好停有一辆救护车，学校教师立即协调现场医护人员救治；而上一案中，学生向多位教师校医求助，但教师和校医都未施以援手，所以韩某所在学校要承担主要责任。

第二，在发生学生伤害事故或者学生权益受到侵害后，教师要落实首问负责制。

《未成年人学校保护规定》第48条规定了首问负责制，即教职员工发现学生权益受到侵害，属于本职工作范围的，应当及时处理；不属于本职工作范围或者不能处理的，应当及时报告班主任或学校负责人；必要时可以直接向主管教育行政部门或者公安机关报告。未成年人属于弱势群体，应当受到特殊、优先保护，任何教师都要落实首问负责制，不能以不属于本职工作或者不能处理为由对学生的求助置之不理，而是要积极进行救治，避免学生受到进一步伤害。

在上述案件中，韩某在课间骨折后的第四节课是体育课，体育老师应当第一时间带学生去医务室治疗，如果体育老师因为上课而抽不开身，那么也应当及时报告班主任或者学校负责人；救死扶伤是医务人员的天职，只要接到学生受伤的报告，校医就应当第一时间出诊，如果不能医治则应当立即安排到医院治疗；班主任接到学生报告后，既没有带学生就医，也没有向学校负责人报告，更没有在第一时间通知家长。上述教师和工作人员在具体处置上都存在明显过错，要知道，不论是不是自身职责范围，只要接到学生报告或者发现学生受伤，教师都必须及时处理。否则，按照《未成年人学校保护规定》第60条第1款规定，学校或者主管教育部门将依照事业单位人员管理、中小学教师管理的规定对这些教职工予以处理。

相关规定

《未成年人保护法》

第三十五条第一款　学校、幼儿园应当建立安全管理制度，对未成年人进行安全教育，完善安保设施、配备安保人员，保障未成年人在校、在园期间的人身和财产安全。

第三十七条第二款 未成年人在校内、园内或者本校、本园组织的校外、园外活动中发生人身伤害事故的，学校、幼儿园应当立即救护，妥善处理，及时通知未成年人的父母或者其他监护人，并向有关部门报告。

《未成年人学校保护规定》

第四十八条 教职员工发现学生权益受到侵害，属于本职工作范围的，应当及时处理；不属于本职工作范围或者不能处理的，应当及时报告班主任或学校负责人；必要时可以直接向主管教育行政部门或者公安机关报告。

第六十条第一款 教职工违反本规定的，由学校或者主管教育部门依照事业单位人员管理、中小学教师管理的规定予以处理。

《学生伤害事故处理办法》

第五条第一款 学校应当对在校学生进行必要的安全教育和自护自救教育；应当按照规定，建立健全安全制度，采取相应的管理措施，预防和消除教育教学环境中存在的安全隐患；当发生伤害事故时，应当及时采取措施救助受伤害学生。

第八章

对教师强制报告的要求

强制报告是一种及早发现以有效防范未成年人权益受到严重侵害的重要制度,《未成年人保护法》《预防未成年人犯罪法》《未成年人学校保护规定》《中小学教育惩戒规则(试行)》等法律法规都明确予以规定，最高人民检察院还联合国家监察委员会、教育部等部门发布了专门的政策。教师作为重要的责任主体，要严格依法履行强制报告义务，否则将被问责。

1 教师是负有强制报告责任的主体

典型案例

检察机关对教师不履行强制报告义务提出司法建议[①]

2020年5月29日，最高人民检察院发布五起侵害未成年人案件强制报告典型案例，其中就有四起涉及教师或者学校履行强制报告责任的案例。第一例侵害未成年人案件强制报告典型案例是《严肃处理瞒报行为　确保强制报告制度落到实处》，该案基本案情是：

2018年3月17日上午，某中学保安陆某某在保安室以亲嘴等方式对苏某某（女，十四周岁）进行猥亵。3月19日下午，其又以看饲养的小动物为诱饵，将苏某某从学校保安室带至其住宿的工棚内，以压身、摸胸等方式进行强制猥亵。3月20日上午，苏某某将被性侵一事反映给学校老师。后苏某某姐姐、陆某某和老师三方在学校内签订协议，约定由陆某某所在劳务公司代为赔偿人民币3万元，被害人家属就此了结此事，不再追究陆某

---

① 《最高检发布侵害未成年人案件强制报告典型案例》，载中国新闻网百家号2020年5月29日，https://baijiahao.baidu.com/s?id=1667990393599442425&wfr=spider&for=pc。

某责任。3月21日，苏某某得知此协议后表示不满，要求追究陆某某法律责任，遂拨打电话报警，本案由此案发。2019年1月31日，浙江省杭州市萧山区人民检察院以强制猥亵罪对被告人陆某某提起公诉，并从严提出量刑建议。陆某某被法院判处有期徒刑二年三个月，并被学校开除。

最高人民检察院认为，该案的典型意义是：强制报告制度作用的发挥，关键在于落实。本案中，杭州市萧山区人民检察院针对涉案学校教师违反强制报告义务的情形，及时以检察建议督促教育主管部门和学校严肃整改，对涉案教师进行严肃问责，确保了制度执行刚性；同时，主动对标最高人民检察院“一号检察建议”，以个案办理为突破口，以强制报告落地为主抓手，积极会同公安、教育等职能部门，全面排查校园安全防范相关问题，助推完善校园安全防控机制建设，为未成年人的健康成长构筑起“防火墙”。

要点提示

根据国家有关法律政策，教师是负有强制报告责任的主体。每位教师都要充分认识到，履行强制报告职责是法律规定的一项特殊义务，不是“可做可不做”，而是必须做。

扩展解读

学校教师应当了解关于强制报告制度的相关规定，涉及司法刑事案件应当由司法机关依法处理，教师绝对不能参与案件的调查、处理。但是教师作为履行强制报告责任的主体之一，应当向有关部门报告学生权益受到侵害的情况，并积极参与、配合司法机关的调查。

第一，教师是应当履行强制报告责任的主体之一。

强制报告制度有利于在第一时间发现未成年人遭受侵害的线索，及时为未成年人提供有效帮助，依法严惩侵害未成年人权益的违法犯罪行为。教师作为密切接触未成年人的人员之一，更具有发现学生遭受侵害的便利条件。因此，教师是需要履行强制报告责任的主体之一，不得以任何理由推卸，否则轻者会受到行政处分，重者将有可能被追究刑事责任。教师需要明确，履行强制报告职责是法律规定的一项特殊义务，不是“可做可不做”，而是必须做。

在最高人民检察院发布的五起侵害未成年人案件强制报告典型案例中，有一个案例是《强制报告构筑校园防护网　阻断社会不良影响和犯罪侵害》，这是教师履行强制报告职责的真实案例。2019年5月16日，江苏省江阴市某小学老师发现本校六年级女学生董某某（十二周岁）在校外抽烟，经与董某某耐心细致交流，了解到董某某曾与他人发生性关系，疑似遭受性侵害。同时，老师通过董某某得知该校另一名六年级女学生陈某某（十二周岁）也有类似遭遇。发现上述情况后，老师第一时间报告学校，学校根据该市关于侵害未成年人案件强制报告制度要求，立即向公安机关报案。教师与学生有较多接触机会，所以细心的老师观察到学生在校外抽烟的异常表现，并通过循循善诱的方式了解到，校外闲散人员朱某某、何某某等人假借“谈恋爱”之由与董某某、陈某某发生性关系，之后老师经学校向公安机关果断报警。

第二，教师应当积极参与、配合有关部门的调查处理工作。

必须明确，对刑事案件的侦查、公诉和审判等均由相关司法机关开展，其他任何机关、团体和个人都无权行使这些权力。我国《刑事诉讼法》第3条第1款明确规定：“对刑事案件的侦查、拘留、执行逮捕、预审，由公安机关负责。检察、批准逮捕、检察机关直接受理的案件的侦查、提起公诉，由人民检察院负责。审判由人民法院负责。除法律特别规定的以外，其他任何机关、团体和个人都无权行使这些权力。”所以，教师绝对不得干预刑事案件的处理。在上述《严肃处理瞒报行为　确保强制报告制度落到实处》一案中，苏某某遭受保安陆某某两次猥亵，学校老师接到学生反映后，非但隐瞒不报，还参与签订协议，这都是错误的处理方式。最后，学校教师被严肃问责。

教师应当积极参与、配合有关部门的调查处理工作。我国《刑事诉讼法》和《民事诉讼法》等都规定，凡是知道案件情况的人，都有作证的义务。教师作为密切接触学生的人员，在司法机关进行调查时，要客观、全面地讲述其了解到的情况，包括且不限于学生在学校的日常表现、性格特点、家庭背景、学生向其描述的案件情况等相关信息。教师的积极参与和对案件的配合调查有利于将实施违法犯罪的行为人绳之以法，能够更好地维护学生的合法权益，也避免更多学生受到伤害。

相关规定

《未成年人保护法》

第十一条第二款　国家机关、居民委员会、村民委员会、密切接触未成年人的单位及其工作人员，在工作中发现未成年人身心健康受到侵害、疑似受到侵害或者面临其他危险情形的，应当立即向公安、民政、教育等有关部门报告。

第一百三十条　本法中下列用语的含义：

（一）密切接触未成年人的单位，是指学校、幼儿园等教育机构；校外培训机构；未成年人救助保护机构、儿童福利机构等未成年人安置、救助机构；婴幼儿照护服务机构、早期教育服务机构；校外托管、临时看护机构；家政服务机构；为未成年人提供医疗服务的医疗机构；其他对未成年人负有教育、培训、监护、救助、看护、医疗等职责的企业事业单位、社会组织等。

……

《刑事诉讼法》

第三条　对刑事案件的侦查、拘留、执行逮捕、预审，由公安机关负责。检察、批准逮捕、检察机关直接受理的案件的侦查、提起公诉，由人民检察院负责。审判由人民法院负责。除法律特别规定的以外，其他任何机关、团体和个人都无权行使这些权力。

人民法院、人民检察院和公安机关进行刑事诉讼，必须严格遵守本法和其他法律的有关规定。

《未成年人学校保护规定》

第四十七条　学校和教职工发现学生遭受或疑似遭受家庭暴力、虐待、遗弃、长期无人照料、失踪等不法侵害以及面临不法侵害危险的，应当依照规定及时向公安、民政、教育等有关部门报告。学校应当积极参与、配合有关部门做好侵害学生权利案件的调查处理工作。

《最高人民检察院、国家监察委员会、教育部等关于建立侵害未成年人案件强制报告制度的意见（试行）》

第二条　侵害未成年人案件强制报告，是指国家机关、法律法规授权行使公权力的各类组织及法律规定的公职人员，密切接触未成年人行业的各类组织及其从业人员，在工作中发现未成年人遭受或者疑似遭受不法侵害以及面临不法侵害危险的，应当立即向公安机关报案或举报。

第三条 本意见所称密切接触未成年人行业的各类组织，是指依法对未成年人负有教育、看护、医疗、救助、监护等特殊职责，或者虽不负有特殊职责但具有密切接触未成年人条件的企事业单位、基层群众自治组织、社会组织。主要包括：居（村）民委员会；中小学校、幼儿园、校外培训机构、未成年人校外活动场所等教育机构及校车服务提供者；托儿所等托育服务机构；医院、妇幼保健院、急救中心、诊所等医疗机构；儿童福利机构、救助管理机构、未成年人救助保护机构、社会工作服务机构；旅店、宾馆等。

2 教师要知悉需要强制报告的事项

典型案例

校长因未履行强制报告职责受到刑事处罚[①]

2021年5月31日，最高人民检察院举行“落实‘两法’护航青春”新闻发布会。其中，湖南一所学校的校长、主管副校长因未履行强制报告职责而被追究刑事责任的案例引发了社会

① 《最高检：认真贯彻落实“两法”护航未成年人健康快乐成长》，载新华社百家号2021年5月31日，https://baijiahao.baidu.com/s?id=1701269778507743038&wfr=spider&for=pc。

广泛关注。基本案情是：

杨某某、糜某某原系湖南某小学教师。2001年至2020年4月，杨某某在泸溪县两所小学任教期间，利用其与被害人系亲戚、师生等特定关系，采用欺骗、利诱、强迫等手段，先后强奸九名未成年女性，其中八人系未满十四周岁幼女，并伙同糜某某轮奸一名年仅十二岁的女学生。同时，被告人杨某某、糜某某还利用老师身份，趁教育、管理学生之机，在教室、办公室等场所猥亵多名未成年女学生。

2017年，有学生家长向该校校长包某某、副校长印某某反映杨某某、糜某某二人猥亵儿童行为。二人在收到线索举报后未调查核实，也未向公安机关报案。此后，杨某某、糜某某继续作案。2020年5月16日，被害人黄某甲、黄某乙到泸溪县公安局报案称多次遭到杨某某强奸、猥亵。公安机关立案侦查后发现了杨某某、糜某某二人的其他犯罪事实。2020年8月11日，杨某某、糜某某因犯强奸罪、猥亵儿童罪分别被判处死刑、有期徒刑十七年。该校负责人包某某、印某某均因渎职犯罪被追究刑事责任。

要点提示

根据《未成年人保护法》和《未成年人学校保护规定》等规定，教师在工作中发现未成年人身心健康受到侵害、疑似受到侵害或者面临其他危险情形的，应当报告。2020年5月，最高人民检察院、国家监察委员会、教育部等发布《关于建立侵害未成年人案件强制报告制度的意见（试行）》，具体规定了九种需要报告的情形，有一些与教师的工作密切相关。

扩展解读

教师应当知道在什么情形下履行强制报告义务，以更好维护学生的合法权益。特别需要注意的是，《未成年人保护法》和《未成年人学校保护规定》都强调，针对严重的学生欺凌和校园性侵害案件，学校教师必须向主管教育行政部门或者公安机关报告。

第一，教师在工作中发现未成年人身心健康受到侵害、疑似受到侵害或者面临其他危险情形的，应当履行强制报告义务。

根据《未成年人保护法》和《未成年人学校保护规定》等规定，教师需要强制报告的情形主要为三类：一是发现未成年人的身心健康受到侵害，二是疑似受到侵害，三是未成年人面临其他危险情形。也就是说，如果发现未成年人已经受到侵害，应当报告；即使没有确凿证据证明未成年人受到侵害，但是发现未成年人可能受到侵害或者面临其他危险的，也应当报告。哪怕可能最后是“虚惊一场”，也必须本着对未成年人负责的态度进行报告，以免错过对未成年人进行保护的机会。上述案件中，有学生家长在案发前三年就向该校校长包某某、副校长印某某反映杨某某、糜某某二人的性侵行为，这是非常重要的线索，包某某、印某某理应报告，但是二人并没有履行强制报告义务，以至于更多的未成年学生受到了伤害。

在具体情形或者内容上，发现未成年人遭受或疑似遭受性侵害、家庭暴力、虐待、遗弃、长期无人照料、失踪等不法侵害的，被拐卖或者被组织乞讨的，因非正常原因伤残、死亡的，以及其他严重侵害未成年人身心健康的情形或未成年人正在面临不法侵害危险的，教师作为密切接触未成年人的人员都应当向有关部门报告。

第二，教师应当报告严重的学生欺凌行为和性侵害、性骚扰等违法犯罪行为。

我国高度重视对学生欺凌行为和校园性侵害、性骚扰的防治工作，《未成年人学校保护规定》设立的“专项保护”一章，专门规范了上述两个问题，对学校和教师都提出了具体要求。在“保护机制”一章中，该规定第48条还规定，在发现学生权益受到侵害后，教师在必要时可以直接向主管教育行政部门或者公安机关报告。

学校和教师不得隐瞒严重的欺凌行为以及性侵害、性骚扰未成年人等违法犯罪行为。《未成年人保护法》第39条第3款和第40条分别规定，对严重的欺凌行为和性侵害、性骚扰未成年人等违法犯罪行为，学校不得隐瞒，应当及时向公安机关、教育行政部门报告。因此，教师发现上述行为后应当及时向学校报告，然后再由学校向公安机关、教育行政部门报告。必要时，教师也可以直接向主管教育行政部门或者公安机关报告。上述案例中，早在案发三年前，就有学生家长向学校校长包某某、副校长印某某反映杨某某、糜某某二人猥亵儿童的行为，但是包某某和印某某收到线索以后未调查核实，也未向公安机关报案，以致杨某某、糜某某二人继续猖狂作案。最终，因未履行强制报告义务，包某某、印某某均受到刑事法律制裁，这值得每一位教师和学校负责人警醒。

相关规定

《未成年人保护法》

第十一条　……

国家机关、居民委员会、村民委员会、密切接触未成年人的单位及其工作人员，在工作中发现未成年人身心健康受到侵害、疑似受到侵害或者面临其他危险情形的，应当立即向公安、民政、教育等有关部门报告。

有关部门接到涉及未成年人的检举、控告或者报告，应当依法及时受理、处置，并以适当方式将处理结果告知相关单位和人员。

第三十九条第三款 对实施欺凌的未成年学生，学校应当根据欺凌行为的性质和程度，依法加强管教。对严重的欺凌行为，学校不得隐瞒，应当及时向公安机关、教育行政部门报告，并配合相关部门依法处理。

第四十条第一款 学校、幼儿园应当建立预防性侵害、性骚扰未成年人工作制度。对性侵害、性骚扰未成年人等违法犯罪行为，学校、幼儿园不得隐瞒，应当及时向公安机关、教育行政部门报告，并配合相关部门依法处理。

第一百一十七条 违反本法第十一条第二款规定，未履行报告义务造成严重后果的，由上级主管部门或者所在单位对直接负责的主管人员和其他直接责任人员依法给予处分。

《未成年人学校保护规定》

第四十七条 学校和教职工发现学生遭受或疑似遭受家庭暴力、虐待、遗弃、长期无人照料、失踪等不法侵害以及面临不法侵害危险的，应当依照规定及时向公安、民政、教育等有关部门报告。学校应当积极参与、配合有关部门做好侵害学生权利案件的调查处理工作。

第四十八条 教职员工发现学生权益受到侵害，属于本职工作范围的，应当及时处理；不属于本职工作范围或者不能处理的，应当及时报告班主任或学校负责人；必要时可以直接向主管教育行政部门或者公安机关报告。

《最高人民检察院、国家监察委员会、教育部等关于建立侵害未成年人案件强制报告制度的意见（试行）》

第四条　本意见所称在工作中发现未成年人遭受或者疑似遭受不法侵害以及面临不法侵害危险的情况包括：

（一）未成年人的生殖器官或隐私部位遭受或疑似遭受非正常损伤的；

（二）不满十四周岁的女性未成年人遭受或疑似遭受性侵害、怀孕、流产的；

（三）十四周岁以上女性未成年人遭受或疑似遭受性侵害所致怀孕、流产的；

（四）未成年人身体存在多处损伤、严重营养不良、意识不清，存在或疑似存在受到家庭暴力、欺凌、虐待、殴打或者被人麻醉等情形的；

（五）未成年人因自杀、自残、工伤、中毒、被人麻醉、殴打等非正常原因导致伤残、死亡情形的；

（六）未成年人被遗弃或长期处于无人照料状态的；

（七）发现未成年人来源不明、失踪或者被拐卖、收买的；

（八）发现未成年人被组织乞讨的；

（九）其他严重侵害未成年人身心健康的情形或未成年人正在面临不法侵害危险的。

3 教师要知道向哪些责任主体报告

典型案例

教师发现未成年人受到侵害线索及时报告，使侵害人受到刑事处罚[①]

2020年5月29日，最高人民检察院发布五起侵害未成年人案件强制报告典型案例，第五起案例《及时干预救助　依法严惩监护侵害案件》就是教师及时发现未成年人受到侵害的线索，进而进行报告的。基本案情是：

2007年，李某某夫妇因婚后常年无子女，领养了一名出生不久的女婴李某甲。2019年5月9日，就读于浙江省桐庐县某小学的李某甲（女，十二岁）向其班主任老师求助，称其养父李某某从2018年暑假开始，在家中多次以触摸胸部、阴部等方式对其实施猥亵。李某甲曾向养母诉说，但养母不相信，置之不理，于是向班主任老师反映。老师收到求助后，当日即依照强制报告制度要求，层报至教育主管部门，县教育局于次日向公安机关报案，并向检察机关报备，本案遂案发。

2019年5月10日，桐庐县公安局对李某某猥亵儿童一案立案侦查。2019年6月4日，桐庐县人民检察院对李某某作出批准逮捕决定。2019年8月7日，桐庐县人民检察院以李某某涉嫌猥

① 《最高检发布侵害未成年人案件强制报告典型案例》，载中国新闻网百家号2020年5月29日，https://baijiahao.baidu.com/s?id=1667990393599442425&wfr=spider&for=pc。

亵儿童罪提起公诉。2019年8月27日，桐庐县人民法院以猥亵儿童罪判处李某某有期徒刑三年三个月。

要点提示

根据规定，教师发现需要报告的事项时，应当及时向公安、民政、教育等有关部门报告，没有及时报告的要承担相应的责任。尤其是因为没有及时报告造成严重后果的，还可能面临刑事责任的追究。

扩展解读

公安、民政、教育这三个部门是接受强制报告的主要责任单位，教师要视学生权益受到伤害的具体情况向上述三个部门报告。如果教师不知道向哪个部门报告，可以先将情形报告给学校，再由学校向有关部门报告。

第一，教师可以向教育行政部门报告。

教育行政部门是政府管理教育事务的主管部门，如果学校和教师发现未成年人辍学、失学等，可以直接向教育行政部门报告。另外，如果遇到未成年人权益受到侵害、疑似受到侵害或者面临其他危险，教师和学校在向公安机关报告后，也可以同时上报当地教育行政部门；或者在不知道如何处理时，可以先行向教育行政部门报告。

在上述案例中，李某甲的班主任高度负责，在收到李某甲的求助后，当日即依照强制报告制度要求，层报至教育主管部门。在报到县教育局以后，县教育局又于次日向公安机关报案，并向检察机关报备，本案遂案发。李某甲的班主任发现学生疑似受到侵害后，一开始也没有直接报告公安机关，但却立即上报学校并层报至当地县教育局，这也是履行强制报告义务的方式之一。

第二，教师可以向公安、民政等有关部门报告。

2020年5月，最高人民检察院、国家监察委员会、教育部等发布的《关于建立侵害未成年人案件强制报告制度的意见（试行）》中提到，教师等相关人员应当向公安机关报案或者举报。但是2021年正式实施的《未成年人保护法》则扩大了范围，相关人员可以向公安、民政、教育等有关部门报告。也就是说，公安机关、民政部门、教育行政部门是教师可以报告的三家主要单位，《未成年人学校保护规定》也延续了《未成年人保护法》的规定。

因此，除可以向教育行政部门报告外，教师发现学生遭受或疑似遭受性侵、家庭暴力、虐待、遗弃、长期无人照料、失踪等不法侵害以及面临不法侵害危险的，可以向公安机关报告。因为民政部门承担了很多当地未成年人保护工作协调机制的具体工作，且依法对未成年人进行临时监护或者长期监护，因此，教师也可以向民政部门报告。

相关规定

《未成年人保护法》

第十一条第二款　国家机关、居民委员会、村民委员会、密切接触未成年人的单位及其工作人员，在工作中发现未成年人身心健康受到侵害、疑似受到侵害或者面临其他危险情形的，应当立即向公安、民政、教育等有关部门报告。

第三十九条第三款　对实施欺凌的未成年学生，学校应当根据欺凌行为的性质和程度，依法加强管教。对严重的欺凌行为，学校不得隐瞒，应当及时向公安机关、教育行政部门报告，并配合相关部门依法处理。

第四十条第一款　学校、幼儿园应当建立预防性侵害、性骚扰未成年人工作制度。对性侵害、性骚扰未成年人等违法犯罪行为，学校、幼儿园不得隐瞒，应当及时向公安机关、教育行政部门报告，并配合相关部门依法处理。

第一百一十七条　违反本法第十一条第二款规定，未履行报告义务造成严重后果的，由上级主管部门或者所在单位对直接负责的主管人员和其他直接责任人员依法给予处分。

《未成年人学校保护规定》

第四十七条　学校和教职工发现学生遭受或疑似遭受家庭暴力、虐待、遗弃、长期无人照料、失踪等不法侵害以及面临不法侵害危险的，应当依照规定及时向公安、民政、教育等有关部门报告。学校应当积极参与、配合有关部门做好侵害学生权利案件的调查处理工作。

第四十八条　教职员工发现学生权益受到侵害，属于本职工作范围的，应当及时处理；不属于本职工作范围或者不能处理的，应当及时报告班主任或学校负责人；必要时可以直接向主管教育行政部门或者公安机关报告。

第九章

对禁止教师实施其他行为的要求

为规范教师行为，除前述禁止行为外，相关法律法规还明确了其他教师禁止实施的相关行为，为教师合法实施教育行为设立了负面行为清单。教师必须严格遵守，不越法律的雷池。

1 严禁教师体罚、变相体罚或者侮辱学生的人格尊严

典型案例

严禁教师体罚、变相体罚或者侮辱学生的人格尊严，这是法律规定的一条红线。如果教师突破了这条红线，那么就需要承担相应的法律责任。

董某与延吉市某中学教育机构责任纠纷案[①]

董某是延吉市某中学学生，一日午休时间，因董某与同学在学校走廊里嬉闹，班主任路某认为三名学生违反了学校纪律，便让董某等三名学生在教室前面做蹲起。之后，董某等三名学生未休息即继续上体育课。第二天，董某感觉双下肢疼痛，后期出现血尿，经医院诊断为横纹肌溶解综合征。因董某家长与学校未就相关赔偿问题达成协议，故董某起诉至法院。

人民法院经审理认为，班主任路某实施的是变相体罚，而在体罚时亦未考虑学生自身的身体素质，统一体罚尺度，导致董某因运动过量双下肢受伤并患横纹肌溶解综合征。故路某对

① 吉林省延吉市人民法院（2021）吉2401民初1841号民事判决书，判决已生效，载中国裁判文书网。

董某的变相体罚与董某患有横纹肌溶解综合征具有直接的因果关系，学校应当承担赔偿责任。董某要求支付住院医疗费、门诊医疗费及交通费、住宿费、住院伙食补助费、护理费以及补课费的诉讼请求均符合法律规定，法院予以支持。根据董某精神损害的程度，人民法院酌定其精神损失赔偿金1000元。最终，董某拿到了胜诉判决。

要点提示

国家相关法律或政策都一再强调，严禁教师体罚、变相体罚或者侮辱学生的人格尊严，违反者轻则可能受到纪律处分，严重的将被追究刑事责任。特别提醒的是，《刑法修正案（九）》增加规定了虐待被监护、看护人罪，教师体罚、变相体罚学生，即使伤情并不严重，但情节恶劣的，也可能因为触犯这一罪名而被追究刑事责任。

扩展解读

体罚、变相体罚或者侮辱学生人格尊严的行为是教师绝对不能实施的行为，即使是以教育惩戒为名也不可以。如果体罚、变相体罚或者侮辱学生人格尊严的行为特别恶劣，教师还有可能构成虐待被监护、看护人罪。

第一，教师要正确认识体罚、变相体罚或者其他侮辱学生人格尊严的行为。

我国法律明令禁止教师对学生实施体罚、变相体罚或者其他侮辱学生人格尊严的行为。那么，在实践中，哪些行为算体罚、变相体罚呢？如何有效区分体罚、变相体罚与正常的批评教育呢？因为容易出现概念上的混淆，所以有些教师感觉无所适从，不知道如何在教育教学实践中把握分寸，甚至出现了“不想管”“不敢管”的情况。因此，教师需要对体罚、变相体罚等建立基本认识。

一般来讲，体罚是指通过对人身体的责罚，特别是造成疼痛来进行惩罚或教育的行为：第一，体罚以惩罚为目的。比如，体育课主要是以增强学生身体素质为目的，课上的正常扎马步、跑圈等行为不属于体罚。第二，体罚惩罚的对象一般是学生身体。比如，对学生罚款、辱骂等行为便不属于体罚。第三，所有造成生理感官上的不舒适均可以归为体罚范围，如殴打、撕扯、刺扎等直接伤害学生身体等体罚行为。因此，体罚大多侵犯的是学生的生命健康权。

变相体罚一般是指用上述体罚方式以外的其他形式来体罚学生，如以超过正常限度的罚跑、罚站、反复抄写等间接使学生身体受到伤害等。上述案例中，班主任路某要求学生董某做500个深蹲起就属于变相体罚的形式之一，这也得到了人民法院的确认。另外需要提醒的是，有的变相体罚虽然不一定对学生的身体造成直接伤害，但是会侮辱学生人格，伤害学生心灵，因此严禁教师实施。

其他侮辱人格尊严的行为一般是指教师辱骂学生，或者以带有歧视、侮辱的言行贬损学生等。因为这侵犯了学生人格尊严，有些可能会给学生带来一辈子的影响，因此被法律明令禁止。曾有网友在网上曝出，卢某某八年前在上初中时被班主任辱骂，导致其一直噩梦不断，后他在微博公开举报，引起了很多人的共鸣。最后，学校和当地教育主管部门作出决定，撤销这名教师的副校长等一切行政职务并调离原学校，旗帜鲜明地表明了尊重学生人格尊严的态度。

所以，教师在教育教学中应平等对待学生，关注学生的个体差异，因材施教，促进学生的充分发展，不得实施体罚、变相体罚或者其他侮辱人格尊严的行为。

第二，虐待被监护、看护人罪是特别需要关注的一个罪名。

虐待被监护、看护人罪是指对未成年人等负有监护、看护职责的人虐待被监护、看护的人，且情节恶劣的行为，这是《刑法修正案（九）》新增加的一个罪名。即使未成年人没有构成轻伤以上伤害后果，但只要存在恶劣情形，教师等负有监护、看护职责的人都有可能构成该罪。而且，自然人和单位都有可能是该罪的犯罪主体，自然人有可能被判处三年以下有期徒刑或者拘役；单位构成该罪的，可以对单位判处罚金，并对其直接负责的主管人员和其他直接责任人员进行刑事处罚。

近年来，一些教师虐童案件引发了社会的广泛关注，一些教师的虐待手段残忍，情节极其恶劣，对未成年人等被监护人、被看护人的心理造成严重的伤害。最后，这些教师因犯虐待被监护、看护人罪而受到刑事处罚。如在携程亲子园虐童事件中，郑某等八名教师违背职业要求的特定义务，在看护工作中实施虐待幼儿的行为，最终因犯虐待被看护人罪而被判处一年六个月到有期徒刑一年等不同刑期，同时还被禁止在一定期限内从事看护工作。

相关规定

《未成年人保护法》

第二十七条　学校、幼儿园的教职员工应当尊重未成年人人格尊严，不得对未成年人实施体罚、变相体罚或者其他侮辱人格尊严的行为。

《义务教育法》

第二十九条　教师在教育教学中应当平等对待学生，关注学生的个体差异，因材施教，促进学生的充分发展。

教师应当尊重学生的人格，不得歧视学生，不得对学生实施体罚、变相体罚或者其他侮辱人格尊严的行为，不得侵犯学生合法权益。

《教师法》

第三十七条　教师有下列情形之一的，由所在学校、其他教育机构或者教育行政部门给予行政处分或者解聘：

（一）故意不完成教育教学任务给教育教学工作造成损失的；

（二）体罚学生，经教育不改的；

（三）品行不良、侮辱学生，影响恶劣的。

教师有前款第（二）项、第（三）项所列情形之一，情节严重，构成犯罪的，依法追究刑事责任。

《刑法》

第二百六十条之一　对未成年人、老年人、患病的人、残疾人等负有监护、看护职责的人虐待被监护、看护的人，情节恶劣的，处三年以下有期徒刑或者拘役。

单位犯前款罪的，对单位判处罚金，并对其直接负责的主管人员和其他直接责任人员，依照前款的规定处罚。

有第一款行为，同时构成其他犯罪的，依照处罚较重的规定定罪处罚。

《全面推进依法治校实施纲要》

15.……要保障学生的人身权、财产权和受教育权不受非法侵害，杜绝体罚或者变相体罚、限制人身自由、侵犯人格尊严、违法违规收费，以及由于学校过错而造成的学生伤害等侵权行为，以及教师、学校工作人员对学生实施的违法犯罪行为。

《国务院办公厅关于加强中小学幼儿园安全风险防控体系建设的意见》

（十五）严厉打击涉及学校和学生安全的违法犯罪行为……教育部门要健全学校对未成年学生权利的保护制度，对体罚、性骚扰、性侵害等侵害学生人身健康的违法犯罪行为，要建立零容忍制度，及早发现、及时处理、从严问责，应当追究法律责任的，要协同配合公安、司法机关严格依法惩处。

《中小学教师职业道德规范》

第三条 关爱学生。关心爱护全体学生，尊重学生人格，平等公正对待学生。对学生严慈相济，做学生良师益友。保护学生安全，关心学生健康，维护学生权益。不讽刺、挖苦、歧视学生，不体罚或变相体罚学生。

2 禁止教师利用职权牟取不正当利益的行为

典型案例

教师因违规有偿补课被处罚[①]

据澎湃新闻等报道，2021年8月，河北省沙河市教育局发布通报称，四名在职教师因参与有偿补课而受到处罚，其中一人获得的河北省“特级教师”、邢台市“首届名师”荣誉称号也因此被取消。

通报称，第一中学在职教师郝某金、郝某红、赵某兴在一处民房内组织、参与有偿补课；第十中学在职教师宗某民在自家开办补习班。经局长办公会研究决定，根据河北省教育厅《关于在职中小学教师有偿补课行为处理指导意见（试行）》规定，给予郝某金、郝某红、赵某兴、宗某民四人警告处分，责令其退还全部违规所得（已分别于8月4日、5日全部退还费用），扣除四人2021年50%奖励性绩效工资，2021年考核定为不合格等次，两年内不得申报高一级专业技术职务，两年内不得参与岗位晋级、评优评先，暂缓教师资格注册。郝某金作为主要参与者，调离第一中学，并取消其河北省“特级教师”、邢台市“首届名师”等荣誉称号；取消郝某红沙河市“模范教师”“师德标兵”等荣誉称号；取消宗某民沙河市“模范教师”等荣誉称号，并调离第十中学。

---

① 《河北4名在职教师有偿补课受警告处分，特级教师等荣誉被取消》，载澎湃新闻百家号2021年8月8日，https://baijiahao.baidu.com/s?id=1707514328918906105&wfr=spider&for=pc。

要点提示

教育部在《未成年人学校保护规定》中特别强调，教师以及学校不得实施下列六种行为:（一）利用管理学生的职务便利或者招生考试、评奖评优、推荐评价等机会，以任何形式向学生及其家长索取、收受财物或者接受宴请、其他利益;（二）以牟取利益为目的，向学生推销或者要求、指定学生购买特定辅导书、练习册等教辅材料或者其他商品、服务;（三）组织、要求学生参加校外有偿补课，或者与校外机构、个人合作向学生提供其他有偿服务;（四）诱导、组织或者要求学生及其家长登录特定经营性网站，参与视频直播、网络购物、网络投票、刷票等活动;（五）非法提供、泄露学生信息或者利用所掌握的学生信息牟取利益;（六）其他利用管理学生的职权牟取不正当利益的行为。上述六种禁止行为不仅侵害学生的权益，轻则有辱师德师风，重则构成违法犯罪行为。

扩展解读

教师不应当利用工作便利向学生及其家长牟取不正当利益，不能与商业机构挂钩而非法提供、泄露学生信息，更不能利用互联网让学生及其家长参与刷票等活动。

第一，教师收受学生及其家长的财物或者牟取不正当利益。

学校应当是一片净土，不该沾染过多商业化气息；教师负有教书育人的职责，与学生及其家长之间的关系不应当夹杂任何个人利益。因此，我国法律以及教育部相关政策都规定，教师不得利用自身职务便利牟取不正当利益，如利用管理学生的职务便利或者招生考试、评奖评优、推荐评价等机会，以任何形式向学生及其家长索取、收受财物或者接受宴请、其他利益；以牟取利益为目的，向学生推销或者要求、指定学生购买特定辅导书、练习册等教辅材料或者其他商品、服务；组织、要求学生参加校外有偿补课，或者与校外机构、个人合作向学生提供其他有偿服务等。据新华网报道，2021年8月，山西忻州原平育才中学的陈老师、魏老师和太原师苑中学的赵老师，三人因在校外有偿补课被解聘。这是近期全国范围内第一次有教师因校外有偿补课而失去工作。

以上这些行为都是教师牟取不正当利益的传统行为，通常是直接索取、收受学生及其家长的财物，抽取教辅材料和介绍生源的提成等，同时还包括为学生提供有偿补课等。在上述案例中，郝某金、郝某红、赵某兴和宗某民四位教师因为在校外为学生提供有偿补课而受到了严厉处分，这给所有教师敲醒了警钟。

第二，禁止教师利用互联网牟取不正当利益。

随着互联网技术的发展以及网络工具的普及，有些教师可能会利用网络牟取不正当利益，这需要受到关注。因此，《未成年人学校保护规定》特别强调，禁止教师诱导、组织或者要求学生及其家长登录特定经营性网站，参与视频直播、网络购物、网络投票、刷票等活动。这些行为看似教师没有与学生及其家长接触，但是教师已经利用其自身职权，通过网络行为获取了利益，同现场收受礼物、开展有偿补课以及推荐购买教辅读物等同样需要禁止。

当然，收受微信红包、接受支付宝转账等方式同样是禁止行为。据新浪网等报道，抚顺市望花区一小学班主任杨某多次以家中要买房、装修等理由向家长借钱，这些家长通过微信等多种方式给杨某转账，杨某共计收入上百万元。后来，家长们才知道，杨某借钱是用于网络赌博，后自杀身亡。一些家长反映，因为自家孩子在杨某班上上学，他们怕老师亏待孩子，所以才不得不给杨某转钱。所以，教师应当洁身自好，不要辜负学生及其家长的信任，不得以任何形式为自身牟取不正当利益。

第三，教师不得非法提供、泄露学生信息或者利用学生信息牟取利益。

根据《个人信息保护法》第4条第1款规定，个人信息是以电子或者其他方式记录的与已识别或者可识别的自然人有关的各种信息，不包括匿名化处理后的信息。教师在管理学生过程中，会不可避免地掌握大量学生的信息，而这些信息都是非常重要的数据，尤其是在互联网时代，强调对学生及其家庭的信息保护尤为重要。《未成年人保护法》第4条第3项将“保护未成年人隐私权和个人信息”作为处理涉及未成年人事项的基本要求之一，教师也应当遵守。《未成年人学校保护规定》同样将之放到十分重要的位置，明确禁止教师非法提供、泄露学生信息或者利用所掌握的学生信息牟取利益。

教师在班级群里利用表格、文档统一收集、公布或者让学生在群里接龙等方式收集学生信息较为方便快捷，但是这也增加了泄露学生信息的风险。2021年8月，新浪网等报道，中考生小林的志愿被同学篡改，其家长认为，小林志愿遭同学篡改与老师在微信群内公开学生个人信息有直接关系，老师和学校也有一定责任。另据新京报等报道，2020年6月，郑州西亚斯学院近万名学生个人信息遭泄露，据了解，有人在微信群传出个人信息后，这些信息又在网络上疯传，很多学生都表示严重担忧。学校已就文件信息报备公安机关，目前正在调查文件泄露来源。

相关规定

《未成年人保护法》

第四条　保护未成年人，应当坚持最有利于未成年人的原则。处理涉及未成年人事项，应当符合下列要求：

……

（三）保护未成年人隐私权和个人信息；

……

第三十八条　学校、幼儿园不得安排未成年人参加商业性活动，不得向未成年人及其父母或者其他监护人推销或者要求其购买指定的商品和服务。

学校、幼儿园不得与校外培训机构合作为未成年人提供有偿课程辅导。

《义务教育法》

第二十五条　学校不得违反国家规定收取费用，不得以向学生推销或者变相推销商品、服务等方式谋取利益。

《个人信息保护法》

第四条　个人信息是以电子或者其他方式记录的与已识别或者可识别的自然人有关的各种信息，不包括匿名化处理后的信息。

个人信息的处理包括个人信息的收集、存储、使用、加工、传输、提供、公开、删除等。

《未成年人学校保护规定》

第三十八条 学校应当加强对教职工的管理，预防和制止教职工实施法律、法规、规章以及师德规范禁止的行为。学校及教职工不得实施下列行为：

（一）利用管理学生的职务便利或者招生考试、评奖评优、推荐评价等机会，以任何形式向学生及其家长索取、收受财物或者接受宴请、其他利益；

（二）以牟取利益为目的，向学生推销或者要求、指定学生购买特定辅导书、练习册等教辅材料或者其他商品、服务；

（三）组织、要求学生参加校外有偿补课，或者与校外机构、个人合作向学生提供其他有偿服务；

（四）诱导、组织或者要求学生及其家长登录特定经营性网站，参与视频直播、网络购物、网络投票、刷票等活动；

（五）非法提供、泄露学生信息或者利用所掌握的学生信息牟取利益；

（六）其他利用管理学生的职权牟取不正当利益的行为。

《新时代中小学教师职业行为十项准则》

八、秉持公平诚信。坚持原则，处事公道，光明磊落，为人正直；不得在招生、考试、推优、保送及绩效考核、岗位聘用、职称评聘、评优评奖等工作中徇私舞弊、弄虚作假。

九、坚守廉洁自律。严于律己，清廉从教；不得索要、收受学生及家长财物或参加由学生及家长付费的宴请、旅游、娱乐休闲等活动，不得向学生推销图书报刊、教辅材料、社会保险或利用家长资源谋取私利。

十、规范从教行为。勤勉敬业，乐于奉献，自觉抵制不良风气；不得组织、参与有偿补课，或为校外培训机构和他人介绍生源、提供相关信息。

《中小学教师违反职业道德行为处理办法》

第四条　应予处理的教师违反职业道德行为如下：

……

（四）违反教学纪律，敷衍教学，或擅自从事影响教育教学本职工作的兼职兼薪行为。

……

（八）在招生、考试、推优、保送及绩效考核、岗位聘用、职称评聘、评优评奖等工作中徇私舞弊、弄虚作假。

（九）索要、收受学生及家长财物或参加由学生及家长付费的宴请、旅游、娱乐休闲等活动，向学生推销图书报刊、教辅材料、社会保险或利用家长资源谋取私利。

（十）组织、参与有偿补课，或为校外培训机构和他人介绍生源、提供相关信息。

（十一）其他违反职业道德的行为。

《严禁中小学校和在职中小学教师有偿补课的规定》

一、严禁中小学校组织、要求学生参加有偿补课；

二、严禁中小学校与校外培训机构联合进行有偿补课；

三、严禁中小学校为校外培训机构有偿补课提供教育教学设施或学生信息；

四、严禁在职中小学教师组织、推荐和诱导学生参加校内外有偿补课；

五、严禁在职中小学教师参加校外培训机构或由其他教师、家长、家长委员会等组织的有偿补课；

六、严禁在职中小学教师为校外培训机构和他人介绍生源、提供相关信息。

对于违反上述规定的中小学校，视情节轻重，相应给予通报批评、取消评奖资格、撤消荣誉称号等处罚，并追究学校领导责任及相关部门的监管责任。对于违反上述规定的在职中小学教师，视情节轻重，分别给予批评教育、诫勉谈话、责令检查、通报批评直至相应的行政处分。

3 禁止教师安排、诱导、组织学生进入不适宜未成年人活动的场所

典型案例

天津两歌厅因聘用未成年人被处罚[①]

天津市人力资源和社会保障局官方网站显示，天津市人社局对天津市南开区钱木巨歌厅、豪圣音歌舞厅是否招用未成年人的情况进行检查。经查，两单位存在招用已满十六周岁未成年人的行为。依据《未成年人保护法》第125条的规定，天津市人社局于2021年9月8日依法作出行政处罚决定，对两单位给予警告，并在官网进行公示。

---

① 《天津这两个歌厅被处罚，原因竟然是……》，载人民资讯百家号2021年9月13日，https://baijiahao.baidu.com/s?id=1710786116914155967&wfr=spider&for=pc。

要点提示

教育部在《未成年人学校保护规定》中规定，学校及其教师不得安排或者诱导、组织学生进入营业性娱乐场所、互联网上网服务营业场所、电子游戏场所、酒吧等不适宜未成年人活动的场所；发现学生进入上述场所的，应当及时予以制止、教育，并向上述场所的主管部门反映。

扩展解读

《未成年人保护法》和《未成年人学校保护规定》都强调，要加大对未成年人的保护力度，不得让学生进入不适宜未成年人活动的场所。可见，教师不得带学生进入这些场所是题中应有之义，而且教师在发现学生进入不适宜场所时，还要及时予以制止、教育，并向相关政府部门反映。

第一，教师不得带学生进入不适宜未成年人活动的场所。

因为未成年人正处在快速成长发育期，很容易受到环境影响，而娱乐场所、酒吧、网吧等场所往往鱼龙混杂，可能会让未成年人沾染吸烟、喝酒、打架等不良习气。因此，我国法律法规规定，要从源头上避免未成年人接触到不良的社会环境。根据《预防未成年人犯罪法》规定，“进入法律法规规定未成年人不宜进入的场所”属于未成年人不得实施的不良行为之一，《未成年人保护法》第17条也规定，父母或者其他监护人不得“放任未成年人进入营业性娱乐场所、酒吧、互联网上网服务营业场所等不适宜未成年人活动的场所”。《未成年人保护法》第

61条第2款还规定，“营业性娱乐场所、酒吧、互联网上网服务营业场所等不适宜未成年人活动的场所不得招用已满十六周岁的未成年人”，上述案例中，天津市南开区两家歌舞厅就因招用未成年人而受到行政处罚。

教师应当为学生传道、授业、解惑，不能违反法律规定，带未成年人进入互联网上网服务营业场所、电子游戏场所、歌舞厅、酒吧等不适宜未成年人活动的场所。海南万宁校长因带女生开房受到社会强烈谴责，据了解，在入住宾馆之前，该校长还有带女生去KTV唱歌、喝酒的行为①，这些都严重破坏了人民教师的良好形象，为法律和社会所不容。

第二，发现未成年人进入上述不适宜未成年人活动的场所后，应当予以干预。

教师需要了解，我国《未成年人保护法》对上述场所的经营者提出了明确要求，经营者要在显著位置设置未成年人禁入、限入标志；对难以判明是不是未成年人的，应当要求其出示身份证件。在《未成年人保护法》“法律责任”部分规定，如果经营者违反上述规定的，由市场监督管理、应急管理、公安等部门按照职责分工责令限期改正，给予警告；拒不改正或者造成严重后果的，责令停业整顿或者吊销营业执照、吊销相关许可证，并处一万元以上十万元以下罚款。

所以，教师在发现学生进入互联网上网服务营业场所、电子游戏场所、歌舞厅、酒吧等不适宜未成年人活动的场所后，应当及时予以制止，并对学生进行教育，使学生端正态度；可以向学

① 《海南万宁“校长带女生开房案”事件追踪》，载环球网2013年6月21日，https://china.huanqiu.com/article/9CaKrnJAZpm。

生家长反馈，与家长共同矫治学生的行为；必要时，可以向上述经营场所的主管部门如市场监督管理、应急管理、公安等部门反映情况。在上述案例中，天津市人力资源和社会保障局对辖区内两家酒店给予了警告处罚，这是政府部门认真落实《未成年人保护法》的重要表现，也给了教师帮助、教育学生的底气。

相关规定

《未成年人保护法》

第十七条　未成年人的父母或者其他监护人不得实施下列行为：

……

（七）放任未成年人进入营业性娱乐场所、酒吧、互联网上网服务营业场所等不适宜未成年人活动的场所；

……

第五十八条　学校、幼儿园周边不得设置营业性娱乐场所、酒吧、互联网上网服务营业场所等不适宜未成年人活动的场所。营业性歌舞娱乐场所、酒吧、互联网上网服务营业场所等不适宜未成年人活动场所的经营者，不得允许未成年人进入；游艺娱乐场所设置的电子游戏设备，除国家法定节假日外，不得向未成年人提供。经营者应当在显著位置设置未成年人禁入、限入标志；对难以判明是否是未成年人的，应当要求其出示身份证件。

第六十一条第二款　营业性娱乐场所、酒吧、互联网上网服务营业场所等不适宜未成年人活动的场所不得招用已满十六周岁的未成年人。

第一百二十二条　场所运营单位违反本法第五十六条第二

款规定、住宿经营者违反本法第五十七条规定的，由市场监督管理、应急管理、公安等部门按照职责分工责令限期改正，给予警告；拒不改正或者造成严重后果的，责令停业整顿或者吊销营业执照、吊销相关许可证，并处一万元以上十万元以下罚款。

《预防未成年人犯罪法》

第二十八条　本法所称不良行为，是指未成年人实施的不利于其健康成长的下列行为：

……

（六）进入法律法规规定未成年人不宜进入的场所；

……

《未成年人学校保护规定》

第四十条第二款　学校及其教职工不得安排或者诱导、组织学生进入营业性娱乐场所、互联网上网服务营业场所、电子游戏场所、酒吧等不适宜未成年人活动的场所；发现学生进入上述场所的，应当及时予以制止、教育，并向上述场所的主管部门反映。

4 禁止教师在学校、幼儿园吸烟、饮酒

典型案例

江西一学校因教师在校园里吸烟被投诉而进行整改[1]

据中国江西网报道，2017年9月11日，网友“星之火”向

---

① 《吉安这个老师公然在学校抽烟被人举报！》，载中国江西网2017年9月15日，搜狐网转载https://www.sohu.com/a/192220271_693503。

中国江西网问政江西栏目反映，峡江中学部分教师在教室前的走廊上、教师办公室内吸烟，不仅污染了环境，而且也损害了老师的形象，不利于校园禁烟。当日下午，中国江西网记者便来到峡江中学。记者随机展开采访了解到，部分学生表示看见过教师在校园内吸烟的现象，有教师也对身边存在“烟枪”，导致自己被动吸二手烟颇为反感。

针对以上情况，峡江中学相关负责人向记者介绍道，峡江中学一直致力于创建无烟学校，学校也多次在全校职工大会上传达创建无烟学校的相关精神，大部分抽烟教师都会按照相关精神，避免在校园内吸烟。但也确实存在极少部分吸烟史较长的教师在下课间隙到走廊尽头、角落抽烟的情况。对此，该校将对有关教师进行谈话教育，同时在全校范围内加大创建无烟学校相关宣传，加强教师师德师风建设。

要点提示

新修订的《未成年人保护法》规定，任何人不得在学校、幼儿园和其他未成年人集中活动的公共场所吸烟、饮酒。相比修订前的《未成年人保护法》只禁止在中小学校、幼儿园、托儿所的教室、寝室、活动室吸烟、饮酒，修订后的法律明确禁止教师在学校、幼儿园的任何场所吸烟、饮酒，对学校建设“无烟校园”提出了明确要求。

扩展解读

为了给未成年人创造一个良好的成长环境，我国明令禁止教师以及任何人在校园内吸烟、饮酒。如果发现有人在校园吸烟、饮酒，学校应当及时制止，否则有可能会受到处罚。

第一，禁止包括教师在内的任何人在校园吸烟、饮酒。

烟酒制品会影响未成年人的身心健康成长，《预防未成年人犯罪法》将“吸烟、饮酒”作为未成年人的不良行为之一进行规制，《未成年人保护法》也扩大了对未成年人的保护范围，禁止包括教师在内的任何人在学校、幼儿园和其他未成年人集中活动的公共场所吸烟（含电子烟）、饮酒。

《未成年人学校保护规定》也提出，任何人不得在校园内吸烟、饮酒。在上述案例中，因为教师在学校的走廊尽头、角落抽烟而被举报，涉事教师被谈话教育；在黑龙江省伊美区，也有家长举报实验小学的体育老师在学校体育组、办公室抽烟的情况，当地信访部门已经介入，学校已经召开专门工作会议，并对涉及的吸烟教师作出处理。

第二，如果在校园内吸烟、饮酒，教师和学校有可能受到处罚。

如果教师违反规定在校园内吸烟、饮酒，将要承担相应法律责任。我国《未成年人保护法》规定，在学校、幼儿园和其他未成年人集中活动的公共场所吸烟、饮酒的，由卫生健康、教育、市场监督管理等部门按照职责分工责令改正，给予警告，可以并处五百元以下罚款；场所管理者未及时制止的，由卫生健康、教育、市场监督管理等部门按照职责分工给予警告，并处一万元以下罚款。也就是说，教师本人在学校吸烟、饮酒的，有可能被给予警告处分，并被处以五百元以下罚款；如果学校没有及时制止，那么卫生健康、教育、市场监督管理等部门将按照职责分工对学校给予警告，并对学校处以一万元以下罚款。

值得注意的是，教师在校园内吸烟具有一定比例。中国疾病预防控制中心发布的2019年中国中学生烟草调查结果显示，初中、普通高中和职业学校学生在学校内几乎每天看到教师吸烟的比例分别为8.5%、13.0%和9.4%，可以看出，高中教师吸烟比例最高。《未成年人保护法》于2021年6月1日正式实施后，在校园内吸烟的教师以及未及时制止教师吸烟行为的学校都将受到处罚。

相关规定

《未成年人保护法》

第十七条　未成年人的父母或者其他监护人不得实施下列行为：

……

（四）放任、唆使未成年人吸烟（含电子烟，下同）、饮酒、赌博、流浪乞讨或者欺凌他人；

……

第五十九条第二款　任何人不得在学校、幼儿园和其他未成年人集中活动的公共场所吸烟、饮酒。

第一百二十四条　违反本法第五十九条第二款规定，在学校、幼儿园和其他未成年人集中活动的公共场所吸烟、饮酒的，由卫生健康、教育、市场监督管理等部门按照职责分工责令改正，给予警告，可以并处五百元以下罚款；场所管理者未及时制止的，由卫生健康、教育、市场监督管理等部门按照职责分工给予警告，并处一万元以下罚款。

《预防未成年人犯罪法》

第二十八条　本法所称不良行为，是指未成年人实施的不利于其健康成长的下列行为：

（一）吸烟、饮酒；

……

《未成年人学校保护规定》

第三十五条　任何人不得在校园内吸烟、饮酒。学校应当设置明显的禁止吸烟、饮酒的标识，并不得以烟草制品、酒精饮料的品牌冠名学校、教学楼、设施设备及各类教学、竞赛活动。

《教育部关于在全国各级各类学校禁烟有关事项的通知》

一、禁止在中小学幼儿园内吸烟。凡进入中小学、中职学校、幼儿园，任何人、任何地点、任何时间一律不准吸烟……

第十章

教师违反相关规定的法律责任

不论是以往的《教师法》《中小学教师违反职业道德行为处理办法》，还是新修订的《未成年人保护法》《预防未成年人犯罪法》以及新制定的《未成年人学校保护规定》《中小学教育惩戒规则（试行）》，都明确规定了教师违反相关规定的法律责任和应当承担的法律后果，教师实施违规行为，学校和有关部门将视情节给予行政处分、治安处罚、刑事处罚。

1 教师违反有关规定可能受到行政处分

典型案例

安徽一教师向学生泼热水，教师、校长均被处分[①]

2021年5月，安徽淮南潘集区一教师向学生泼热水被记过处分，校长受到党内警告处分。鲁某在安徽省潘集区第四小学教道德与法治课，家长反映，鲁某有向学生身上泼热水等体罚行为。此事件被媒体公开曝光后，在社会上产生强烈反响。对此，潘集区教育局党委召开专题会议，针对教师鲁某体罚学生的事实，依据相关法规给予鲁某记过处分、2021年师德考核不合格，调离潘集区第四小学教师岗位，从事教辅工作。鉴于学校对教师负有管理责任，给予潘集区第四小学校长黄某党内警告处分，并将处理情况在全区通报。

潘集区教育局还责令学校妥善处理鲁某用热水泼洒学生事件，对受伤学生在及时医疗的基础上，要进行心理疏导；要求学校召开相关家长会议，向家长通报调查情况，认真听取家长

① 《安徽淮南潘集区一教师向学生泼热水被记过处分校长受到党内警告处分》，载环球网百家号2021年5月5日，https://baijiahao.baidu.com/s?id=1698876862113878747&wfr=spider&for=pc。

的意见和要求，并向家长致歉。潘集区教育局党委对此次处理结果全区通报，并将以此为教训，深刻反省，举一反三，进一步强化师德师风建设，在全区教育系统开展为期一个月的师德师风专项整治工作，进一步完善考核指标体系，探索改进评价方式，坚决杜绝类似事件发生。

要点提示

教师违反相关法定职责，比如不履行强制报告义务，违规实施教育惩戒，对学生实施体罚或变相体罚，不履行预防未成年人犯罪工作职责，侵害学生合法权利等，教育行政等部门可以责令改正，通报批评，情节严重的，将依法给予处分。

扩展解读

我国很多法律法规都在“法律责任”部分规定了教师不履行法定职责应当承担的后果，这成为追究教师责任的重要依据，教师应当对此有所了解。

第一，对教师不履行预防未成年人犯罪工作职责，或者虐待、歧视相关未成年人的行为给予行政处分。

预防未成年人犯罪是教师需要履行的职责之一，教师应当结合未成年人的特点，采取多种方式对未成年学生进行有针对性的预防犯罪教育，并且不得虐待、歧视学生。如果发现教师不履行预防未成年人犯罪工作职责，或者有虐待、歧视相关未成年人的行为，教育行政部门将责令改正，并通报批评；情节严重的，将对直接负责的主管人员和其他直接责任人员依法给予处分。

第二，对教师故意不完成教育教学任务、体罚学生以及品行不端、侮辱学生的行为给予行政处分。

《教师法》列举了教师有可能受到行政处分或者解聘的三种形式，具体决定由所在学校、其他教育机构或者教育行政部门作出，一是故意不完成教育教学任务给教育教学工作造成损失的；二是体罚学生，经教育不改的；三是品行不良、侮辱学生，影响恶劣的。

在实践中，如果教师实施以上三种行为情节不是十分严重的，学校或者教育行政部门会给予行政处分，但是如果情节十分恶劣的，则教师有可能被直接解聘。比如，在上述案件中，针对教师鲁某体罚学生不当的事实，当地教育局给予鲁某记过处分、2021年师德考核不合格，调离潘集区第四小学教师岗位，从事教辅工作。同时，给予潘集区第四小学校长黄某党内警告处分。而在另一个教师体罚学生的案例中，因教师已经涉嫌构成故意伤害罪，因此，其被所在学校解聘。

第三，对剥夺学生受教育权的教师给予行政处分。

受教育权是未成年人享有的重要权利之一，包括教师在内的任何人都必须依法保障学生接受义务教育。因此，教师不得以长期停课、劝退等方式，剥夺学生在校接受并完成义务教育的权利；要及时将辍学或者休学、长期请假学生的情况向学校报告备案；及时劝返辍学学生，劝返无效的，应当报告学校和有关主管部门；不得拒绝接收从专门学校等转回的接受义务教育的学生等。如果教师没有积极履行上述义务，属于情节轻微的，学校应当对教师批评教育；情节严重的，应当暂停履行职责或者依法依规给予处分；给学生身心造成伤害，构成违法犯罪的，由公安机关依法处理。

第四，对教师违规实施教育惩戒给予行政处分。

虽然教师有权对违规违纪学生进行教育惩戒，但是教师仍然要守住底线，不得随意实施一些行为。如果教师违反《中小学教育惩戒规则（试行）》的规定，在对学生进行教育惩戒时，实施体罚、变相体罚、其他侮辱人格尊严的行为，因个人或者少数人违规违纪行为而惩罚全体学生，因学业成绩而教育惩戒学生，因个人情绪、好恶实施或者选择性实施教育惩戒，指派学生对其他学生实施教育惩戒以及其他侵害学生权利等八项行为，情节轻微的，学校应当对教师予以批评教育；情节严重的，应当暂停履行职责或者依法依规给予处分。

相关规定

《未成年人保护法》

第一百一十七条　违反本法第十一条第二款规定，未履行报告义务造成严重后果的，由上级主管部门或者所在单位对直接负责的主管人员和其他直接责任人员依法给予处分。

《预防未成年人犯罪法》

第六十二条第一款　学校及其教职员工违反本法规定，不履行预防未成年人犯罪工作职责，或者虐待、歧视相关未成年人的，由教育行政等部门责令改正，通报批评；情节严重的，对直接负责的主管人员和其他直接责任人员依法给予处分。构成违反治安管理行为的，由公安机关依法予以治安管理处罚。

《教师法》

第三十七条第一款　教师有下列情形之一的，由所在学校、其他教育机构或者教育行政部门给予行政处分或者解聘：

（一）故意不完成教育教学任务给教育教学工作造成损失的；

（二）体罚学生，经教育不改的；

（三）品行不良、侮辱学生，影响恶劣的。

《未成年人学校保护规定》

第十二条　义务教育学校不得开除或者变相开除学生，不得以长期停课、劝退等方式，剥夺学生在校接受并完成义务教育的权利；对转入专门学校的学生，应当保留学籍，原决定机关决定转回的学生，不得拒绝接收。

义务教育学校应当落实学籍管理制度，健全辍学或者休学、长期请假学生的报告备案制度，对辍学学生应当及时进行劝返，劝返无效的，应当报告有关主管部门。

第六十条第一款　教职工违反本规定的，由学校或者主管教育部门依照事业单位人员管理、中小学教师管理的规定予以处理。

《中小学教育惩戒规则（试行）》

第十二条　教师在教育教学管理、实施教育惩戒过程中，不得有下列行为：

（一）以击打、刺扎等方式直接造成身体痛苦的体罚；

（二）超过正常限度的罚站、反复抄写，强制做不适的动作或者姿势，以及刻意孤立等间接伤害身体、心理的变相体罚；

（三）辱骂或者以歧视性、侮辱性的言行侵犯学生人格尊严；

（四）因个人或者少数人违规违纪行为而惩罚全体学生；

（五）因学业成绩而教育惩戒学生；

（六）因个人情绪、好恶实施或者选择性实施教育惩戒；

（七）指派学生对其他学生实施教育惩戒；

（八）其他侵害学生权利的。

第十五条第二款 教师违反本规则第十二条，情节轻微的，学校应当予以批评教育；情节严重的，应当暂停履行职责或者依法依规给予处分；给学生身心造成伤害，构成违法犯罪的，由公安机关依法处理。

2 教师违反有关规定可能被解聘或者开除

典型案例

山西一教师因辱骂学生被撤销教师资格[①]

据《楚天都市报》报道，2020年7月17日，山西朔州第六小学毕业典礼上，因不满学生只给班主任送花，数学老师王某当众发飙吐口水，辱骂学生。视频中，一名女教师（王某）操着朔州地区方言责骂班中学生，其间多次爆粗口，向学生吐口水，踢凳子，砸鲜花。另一位身穿红色衣服的老师曾出面制止劝阻，但无济于事，难以消除她的怒气。此视频被上传至网络后，引起极大关注。在某视频APP平台上，该视频播放量超过3200万次，在微博设置的该话题，阅读量达到2亿次。多数网友认为王某当着学生的面发飙辱骂，不配为人师表，希望严惩该教师，取消其教师资格证，给受辱学生和家长一个说法。

---

① 《不满学生只给班主任送花，山西朔州一女教师发飙辱骂学生，最新处理结果来了！》，载《楚天都市报》极目新闻百家号2020年7月19日，https://baijiahao.baidu.com/s?id=1672634440489247331&wfr=spider&for=pc。

针对王某过激言行引发的风波，2020年7月19日凌晨，山西省朔州市朔城区教育局立即进行处理。通报称，谩骂学生的教师王某给社会造成了恶劣影响。根据相关规定，作出如下处理：（一）依法依规按程序给予教师王某留党察看二年、撤销教师资格、降低岗位等级（薪级工资由25级降至1级）、调离教育系统；（二）给予朔城区第六小学领导班子成员（一名校长、三名副校长）免职处理；（三）给予朔城区教育局分管副局长政务警告处分；（四）对朔城区教育局局长诫勉谈话；（五）朔城区教育局党组作出深刻检查，在全区教育系统中深入开展师德师风整顿，深刻反思、汲取教训、举一反三、引以为戒，坚决杜绝类似事件再次发生。同时，朔城区教育局派出工作组进驻朔州第六小学，对教学教务进行整顿，对校领导及其他教职人员涉嫌违反校风校纪和师德师风等行为作进一步调查处理。

要点提示

教师违反相关法定职责，情节严重或者造成恶劣影响的，比如体罚学生情节较为恶劣、与学生发生恋爱关系、对学生进行猥亵或者性骚扰等，将被解聘或者开除。

扩展解读

解聘或者开除教师是较为严厉的处罚行为，都有明文规定，教师应当认真学习、掌握。在此，我们总结了四类教师可能被开除或者解聘的行为。

第一，教师不完成教学任务、体罚学生或者品行不良且影响恶劣的，有可能被解聘。

《教师法》第37条第1款规定了教师有可能被解聘的三种情形：一是故意不完成教育教学任务给教育教学工作造成损失的；二是体罚学生，经教育不改的；三是品行不良、侮辱学生，影响恶劣的。在上述案例中，数学老师王某因为没有在学生毕业典礼上收到学生的鲜花而破口大骂、向学生吐口水，还在电话中辱骂学生家长，其品行不良的行为通过网络向外大规模传播后，引起了全社会的强烈谴责，王某及其所在学校领导均受到了严厉处罚，王某还被调离了教育系统。据澎湃新闻报道，同样在山西朔州，2021年7月27日，怀仁市云北中学涉事教师在课间操点评时与学生发生语言冲突，惩戒学生时扇耳光。事后校方解聘涉事教师，并向学生和家长道歉，该校德育主任被停职。[①]一些教师没有基本的底线思维，最终因为自身的过激言行付出了惨重代价，丢失了工作，并承受了巨大压力。

第二，教师与学生发生恋爱关系、性关系以及其他构成性骚扰、性侵害的违法犯罪行为的，将被开除或者解聘。

校园性侵害一直是需要学校高度重视的敏感话题，因此，只要教师实施了性骚扰、猥亵，有持有或者向学生展示传播淫秽色情物品等行为，教师都将被开除或者解聘；有教师资格的，由主管教育行政部门撤销教师资格，纳入从业禁止人员名单；涉嫌犯罪的，移送有关部门依法追究责任。在这里特别指出的

① 《山西朔州一男教师当众扇女学生被解聘，德育主任停职》，载澎湃新闻2021年7月27日，https://www.thepaper.cn/newsDetail_forward_13779260。

是，教师不得与学生发生恋爱关系或者性关系，只要出现了师生恋或者教师与学生发生了性关系，不论学生是否成年，也不论学生是否自愿，教师都将被开除或者解聘。

第三，教师教唆、胁迫、引诱未成年人实施不良行为或者严重不良行为的，将被解聘或者辞退。

教唆未成年人犯罪是非常严重的行为，根据《刑法》规定，教唆不满十八周岁的人犯罪的，应当从重处罚。在日常工作、学习、生活中，教师与学生密切相处，具有教育、管理、保护未成年人的工作职责，因此要对教师的教唆、胁迫、引诱行为严加禁止。

教师不但不能教唆未成年人犯罪，也不能教唆、胁迫、引诱未成年人实施不良行为或者严重不良行为。根据《预防未成年人犯罪法》规定，不良行为是指未成年人实施的吸烟、饮酒，多次旷课、逃学等不利于其健康成长的九种行为；严重不良行为是指未成年人实施的结伙斗殴等有《刑法》规定、因不满法定刑事责任年龄不予刑事处罚的行为，以及严重危害社会的行为。如果教师教唆、胁迫、引诱未成年人实施不良行为或者严重不良行为，将被依法解聘或者辞退。

第四，教师受到刑事处罚的，将可能被开除并丧失教师资格。

根据《教师法》《中小学教师违反职业道德行为处理办法（2018年修订）》等相关规定，教师受到刑事处罚分为不同情形，严重的，教师将被开除。

一是教师被依法判处刑罚的，将受到降低岗位等级或者撤职以上处分。这主要是依据《事业单位工作人员处分暂行规定》等作出的规定，这里的“判处刑罚”有可能是教师故意犯罪，也有可能是过失犯罪。

二是教师受到剥夺政治权利或者因故意犯罪受到有期徒刑以上刑事处罚的，不能取得教师资格；已经取得教师资格的，丧失教师资格。“剥夺政治权利”通常是指剥夺了被告人的选举权和被选举权，言论、出版、集会、结社、游行、示威自由的权利，担任国家机关职务的权利，担任国有公司、企业、事业单位和人民团体领导职务的权利。因此，当教师被剥夺政治权利后，将不能再从事相关职业。

三是如果教师被依法判处有期徒刑以上刑罚，那么教师将被开除。有期徒刑是国家规定的主刑种类中的一种，是指在一定期限内剥夺犯罪分子的人身自由，并监禁于一定场所的刑罚。在没有死缓变更和数罪并罚的情况下，有期徒刑一般为六个月以上十五年以下。教师被判处六个月以上有期徒刑、无期徒刑或者死刑的，将被开除。

相关规定

《刑法》

第二十九条第一款 教唆他人犯罪的，应当按照他在共同犯罪中所起的作用处罚。教唆不满十八周岁的人犯罪的，应当从重处罚。

《预防未成年人犯罪法》

第六十二条第二款 教职员工教唆、胁迫、引诱未成年人实施不良行为或者严重不良行为，以及品行不良、影响恶劣的，教育行政部门、学校应当依法予以解聘或者辞退。

《教师法》

第十四条 受到剥夺政治权利或者故意犯罪受到有期徒刑

以上刑事处罚的，不能取得教师资格；已经取得教师资格的，丧失教师资格。

第三十七条第一款　教师有下列情形之一的，由所在学校、其他教育机构或者教育行政部门给予行政处分或者解聘：

（一）故意不完成教育教学任务给教育教学工作造成损失的；

（二）体罚学生，经教育不改的；

（三）品行不良、侮辱学生，影响恶劣的。

《未成年人学校保护规定》

第二十四条第二款　学校应当采取必要措施预防并制止教职工以及其他进入校园的人员实施以下行为：

（一）与学生发生恋爱关系、性关系；

（二）抚摸、故意触碰学生身体特定部位等猥亵行为；

（三）对学生作出调戏、挑逗或者具有性暗示的言行；

（四）向学生展示传播包含色情、淫秽内容的信息、书刊、影片、音像、图片或者其他淫秽物品；

（五）持有包含淫秽、色情内容的视听、图文资料；

（六）其他构成性骚扰、性侵害的违法犯罪行为。

第六十条第二款　教职工实施第二十四条第二款禁止行为的，应当依法予以开除或者解聘；有教师资格的，由主管教育行政部门撤销教师资格，纳入从业禁止人员名单；涉嫌犯罪的，移送有关部门依法追究责任。

《中小学教师违反职业道德行为处理办法》

第十一条　教师被依法判处刑罚的，依据《事业单位工作人员处分暂行规定》给予降低岗位等级或者撤职以上处分。其中，被依法判处有期徒刑以上刑罚的，给予开除处分。教师受到剥夺政治权利或者故意犯罪受到有期徒刑以上刑事处罚的，丧失教师资格。

3 教师违反有关规定可能受到治安管理处罚

典型案例

伤害他人身体但尚未构成犯罪的，有可能受到治安管理处罚。一些教师因对学生实施了殴打而受到处罚。

韩某、关某公安行政管理案[①]

2019年11月6日中午12时左右，在某中学二楼初二一班班级内，班主任关某因学生韩某在教室内不听劝告，踢了韩某屁股一下并拽了韩某肩部衣服两下。因韩某仍不服气，关某拽着韩某前胸衣服领子，将韩某拽到一楼值班室屋内进行批评教育。2019年11月8日，韩某到公安机关报警，称其于2019年11月6日在学校教室和值班室被班主任关某打了。公安机关受案后开展调查工作，鉴定韩某的损伤未构成轻微伤、无残。2019年11月25日，公安机关决定对教师关某行政拘留十五日，并处罚款一千元。

后来，韩某认为公安机关询问其所在班级学生（均为未成年人）没有通知未成年人的父母或者其他人到场，这些证人的询问笔录不能作为本案认定事实和行政处罚的根据，因此到人民法院提起行政诉讼。人民法院经审理认为，公安机关作出的

① 黑龙江省哈尔滨市中级人民法院（2020）黑01行终464号行政判决书，载中国裁判文书网。

决定主要证据不足，程序违法，依法应予撤销。

要点提示

《治安管理处罚法》是保障每位公民权利的一部重要法律，教师也要严格遵守该法律，不得侵害学生权利。教师侵害学生权利，情节严重的会违反《治安管理处罚法》，比如实施体罚、变相体罚以及其他行为中殴打学生，或者故意伤害学生身体，公然侮辱学生，猥亵学生，都可能面临罚款、行政拘留等治安处罚。

扩展解读

教师殴打学生或者故意伤害学生身体，有可能受到治安管理处罚。此外，如果教师的行为触犯了《治安管理处罚法》的相关规定，也要受到相应处罚，并可能会影响从事教师职业。

第一，教师殴打学生或者故意伤害学生身体，有可能受到治安管理处罚。

实践中最常见的就是教师殴打、体罚学生的行为，在学生及家长报警后，如果没有构成刑事犯罪，公安机关有可能会对殴打、体罚学生的教师进行治安管理处罚。根据《治安管理处罚法》的规定，教师殴打学生，或者故意伤害学生身体的，处五日以上十日以下拘留，并处二百元以上五百元以下罚款；情节较轻的，处五日以下拘留或者五百元以下罚款。

教师尤其要注意，殴打或者体罚不满十四周岁的未成年人或者多次殴打、伤害他人或者一次殴打、伤害多人的，教师还有可能受到更严厉的处罚，处十日以上十五日以下拘留，并处五百元以上一千元以下罚款。在上述案件中，虽然人民法院撤销了公安机关的行政处罚决定书，但是，其原因是公安机关的取证方式不适当，没有及时通知未成年人的父母或者其他监护人到场，教师韩某确因殴打学生而受到了治安管理处罚。

第二，虐待、歧视、公然侮辱或者干扰学生正常生活的，教师有可能被行政拘留。

教师不得实施侮辱学生人格尊严的行为，也不能虐待、歧视相关未成年人，否则将要受到治安管理处罚；还有些教师出于个人不良癖好或者为了达到与学生恋爱的目的，多次向学生发送淫秽、侮辱、恐吓或者其他信息，干扰了学生的正常生活。如果存在上述虐待、歧视、公然侮辱或者干扰学生正常生活的，则教师将有可能被处五日以下拘留或者五百元以下罚款；情节较重的，处五日以上十日以下拘留，可以并处五百元以下罚款。

第三，教师实施抚摸、故意触碰学生身体特定部位等猥亵行为的，有可能受到治安管理处罚。

我国《治安管理处罚法》第44条规定，猥亵他人的，或者在公共场所故意裸露身体，情节恶劣的，处五日以上十日以下拘留；猥亵智力残疾人、精神病人、不满十四周岁的人或者有其他严重情节的，处十日以上十五日以下拘留。如果教师实施抚摸、故意触碰学生身体特定部位等猥亵行为的，轻则受到治安管理处罚，重则构成刑事犯罪。

第四，教师强行向学生推销商品或者强迫学生接受服务的，有可能受到治安管理处罚。

我国明令禁止教师向学生推荐教辅教材等商品，教师更不能利用教育、管理学生的职权强迫学生接受服务。如果教师要求学生及其家长强买强卖商品、强迫学生提供服务或者强迫学生接受服务，那么除退还所收费用或者所获利益以及赔偿经济损失外，还有可能受到行政处分或者治安管理处罚。根据《治安管理处罚法》的规定，教师有可能被处以五日以上十日以下拘留，并处二百元以上五百元以下罚款；情节较轻的，处五日以下拘留或者五百元以下罚款。

第五，教师非法限制学生人身自由或者非法搜查学生身体的，将有可能受到治安管理处罚。

学生的人身自由和人格尊严不得受到侵犯。《中小学教育惩戒规则（试行）》只规定教师、学校在发现学生藏匿违法、危险物品时，才可以对可能藏匿物品的课桌、储物柜等进行检查。必要时，教师、学校可以报警，由公安机关依程序进行搜查，但是教师不得自行搜查学生身体。如果教师非法限制学生人身自由或者非法搜查学生身体的，将被处十日以上十五日以下拘留，并处五百元以上一千元以下罚款；情节较轻的，处五日以上十日以下拘留，并处二百元以上五百元以下罚款。

第六，教师教唆、胁迫、引诱未成年人实施不良行为、严重不良行为，或者为成年人实施不良行为、严重不良行为提供条件的，有可能受到治安管理处罚。

教师是履行教育教学职责的专业人员，承担教书育人，培养社会主义事业建设者和接班人、提高民族素质的使命。因此，在学生出现不良行为、严重不良行为时，教师应当依法进行管理、教育，绝对不能教唆、胁迫、引诱未成年人实施不良行为、严重不良行为，或者为成年人实施不良行为、严重不良行为提供条件，如果教师实施上述行为并构成违反治安管理的，有可能被从重处罚。

相关规定

《治安管理处罚法》

第四十二条 有下列行为之一的，处五日以下拘留或者五百元以下罚款；情节较重的，处五日以上十日以下拘留，可以并处五百元以下罚款：

……

（二）公然侮辱他人或者捏造事实诽谤他人的；

……

（五）多次发送淫秽、侮辱、恐吓或者其他信息，干扰他人正常生活的；

……

第四十三条 殴打他人的，或者故意伤害他人身体的，处五日以上十日以下拘留，并处二百元以上五百元以下罚款；情节较轻的，处五日以下拘留或者五百元以下罚款。

有下列情形之一的，处十日以上十五日以下拘留，并处五百元以上一千元以下罚款：

……

（二）殴打、伤害残疾人、孕妇、不满十四周岁的人或者六十周岁以上的人的；

（三）多次殴打、伤害他人或者一次殴打、伤害多人的。

第四十四条 猥亵他人的，或者在公共场所故意裸露身体，情节恶劣的，处五日以上十日以下拘留；猥亵智力残疾人、精神病人、不满十四周岁的人或者有其他严重情节的，处十日以上十五日以下拘留。

第四十六条　强买强卖商品，强迫他人提供服务或者强迫他人接受服务的，处五日以上十日以下拘留，并处二百元以上五百元以下罚款；情节较轻的，处五日以下拘留或者五百元以下罚款。

《预防未成年人犯罪法》

第六十二条第一款　学校及其教职员工违反本法规定，不履行预防未成年人犯罪工作职责，或者虐待、歧视相关未成年人的，由教育行政等部门责令改正，通报批评；情节严重的，对直接负责的主管人员和其他直接责任人员依法给予处分。构成违反治安管理行为的，由公安机关依法予以治安管理处罚。

《未成年人学校保护规定》

第六十条第三款　教职工违反第三十八条规定牟取不当利益的，应当责令退还所收费用或者所获利益，给学生造成经济损失的，应当依法予以赔偿，并视情节给予处分，涉嫌违法犯罪的移送有关部门依法追究责任。

《中小学教育惩戒规则（试行）》

第十一条第二款　教师、学校发现学生携带、使用违规物品或者行为具有危险性的，应当采取必要措施予以制止；发现学生藏匿违法、危险物品的，应当责令学生交出并可以对可能藏匿物品的课桌、储物柜等进行检查。

4 教师违反有关规定可能受到刑事处罚

典型案例

有些老师丧失职业道德，违背社会公德，利用优势地位迫使被害人就范而与其发生性关系，最终被追究刑事责任。

孙某被高某强奸一案①

2017年9月至同年11月，被告人高某趁担任被害人孙某（女，十五周岁）生活老师、孙某患有抑郁症需要安抚之机，迫使被害人孙某五次与之发生性关系。孙某的母亲和家人认为，孙某入学前状态比较好，但退学后抑郁症病情加重，有自杀倾向，性格还特别暴躁，这与孙某受到高某强奸有很大关系。孙某说，她并不愿意跟高某发生性关系，但因为担心事情传出去不好，所以没敢告诉家长或报警。但是高某辩称，其与孙某是恋爱关系，双方发生性关系属于自愿行为。

人民法院经审理认为，虽然被告人高某辩称系与孙某谈恋爱期间双方自愿发生的性关系，但根据被告人高某的供述、相关证人的证言以及结婚登记审查处理表可以证实，高某在办理结婚登记后至举行婚礼期间，再与被害人谈恋爱显然不符合常理。而且，被害人孙某案发时仅十五周岁，系在校学生，结合其对于事物的判断和认知能力、心智发育程度及其与被告人的师生身份关系，足以证实被害人孙某在与高某发生性关系时并

① 山东省东营市东营区人民法院（2018）鲁0502刑初552号刑事判决书，判决已生效，载中国裁判文书网。

非自愿，系受高某利用其老师的优势地位逼迫所致。因此，高某利用担任老师的优势地位，迫使未成年被害人与其发生性关系，其行为构成强奸罪。法院最终判决高某犯强奸罪，判处有期徒刑四年六个月。

要点提示

《刑法》规定的是社会底线中“红线”，违反《刑法》构成犯罪的，将被依法追究刑事责任。教师因性侵构成强奸、猥亵等犯罪的，因体罚学生构成故意伤害犯罪的，因虐待构成虐待被看护人罪的，都将被追究刑事责任。

扩展解读

作为教师必须明白，对学生实施性侵害有可能会受到刑事处罚，对学生实施体罚、变相体罚或者其他侮辱人格尊严的行为也会受到刑事处罚。这两类情况都与教师的工作密切相关，因此在这里特别作出说明。

第一，教师有可能因为对学生实施性侵害而受到刑事处罚。

教师必须谨言慎行，不能触碰法律底线。如果教师猥亵、强奸学生或者向学生传播淫秽物品的，则有可能构成犯罪。

一是强奸罪。教师以暴力、胁迫或者其他手段强奸妇女的，处三年以上十年以下有期徒刑。如果是奸淫不满十四周岁的幼女的，以强奸论，从重处罚。上述案件中，高某被以强奸罪追究了刑事责任。如果教师奸淫幼女情节恶劣的，奸淫幼女多人的，在校园等公共场所当众强奸奸淫幼女的，奸淫不满十周岁的幼女或者造成幼女伤害的，二人以上轮奸的，或者致使被害人重伤、死亡或者造成其他严重后果的，只要具有以上情形之一，那么教师有可能被处十年以上有期徒刑、无期徒刑或者死刑。在湖南某小学教师强奸、猥亵多名学生案中，杨某某、糜某某还轮奸了一名十二岁的女学生，最后，其中一人被判处死刑，另一人被判处有期徒刑十七年。需要注意的是，哪怕十四周岁以下的学生“自愿”与教师发生性行为，教师仍然构成强奸罪。

二是猥亵他人罪。教师以暴力、胁迫或者其他方法强制猥亵他人的，处五年以下有期徒刑或者拘役。如果教师聚众或者在公共场所当众猥亵，或者有其他恶劣情节的，将被处五年以上有期徒刑。此外，如果存在以下情形之一的，教师有可能被处五年以上有期徒刑：猥亵儿童多人或者多次的；聚众猥亵儿童的，或者在公共场所当众猥亵儿童，情节恶劣的；造成儿童伤害或者其他严重后果的；猥亵手段恶劣或者有其他恶劣情节的。

三是负有照护职责人员性侵罪。教师对学生负有教育职责，属于需要履行特殊职责的人员，如果教师与已满十四周岁不满十六周岁的未成年女性发生性关系的，那么将被追究负有照护职责人员性侵罪。犯该罪的教师将被处三年以下有期徒刑；情节恶劣的，处三年以上十年以下有期徒刑。

四是传播淫秽物品罪。教师传播淫秽的书刊、影片、音像、图片或者其他淫秽物品，情节严重的，将被处二年以下有期徒刑、拘役或者管制。如果教师向不满十八周岁的未成年学生传播淫秽物品的，将被从重处罚。

第二，教师实施体罚、变相体罚或者其他侮辱人格尊严的行为，有可能构成虐待被监护、看护人员罪或者故意伤害罪、侮辱罪。

教师对学生实施体罚、变相体罚或者其他侮辱人格尊严行为的，有可能被追究刑事责任。

一是虐待被监护、看护人员罪。这是《刑法修正案（九）》新增加的一个罪名，此前虐待罪的主体主要是家庭成员，现在虐待被监护、看护人员罪已经扩展到了教师等赋有特殊职责人员的身上。如果教师虐待学生情节恶劣的，将有可能因为虐待被监护、看护人员罪被判处三年以下有期徒刑或者拘役。现在已经有一些教师因为伤害学生而被以该罪名追究刑事责任，如北京红黄蓝幼儿园教师刘某使用针状物先后扎四名幼童，上述幼童所受损伤均不构成轻微伤，但因为情节恶劣，人民法院以虐待被看护人罪判处刘某有期徒刑一年六个月。

二是故意伤害罪。故意伤害他人身体的，处三年以下有期徒刑、拘役或者管制。致人重伤的，处三年以上十年以下有期徒刑；致人死亡或者以特别残忍手段致人重伤造成严重残疾的，处十年以上有期徒刑、无期徒刑或者死刑。体育教师李某在给小学六年级学生授课时，因王某未遵守课堂纪律，故以抓住衣领拖拽的方式将其拉出队列，在王某背向教学楼的情况下用力向后推搡，致使其后脑部与教学楼墙体发生碰撞，造成王某轻伤一级。最后，一审法院以故意伤害罪判处李某有期徒刑一年，后二审法院改判李某有期徒刑一年，缓刑一年。

三是侮辱罪。《教师法》规定，教师体罚学生，品行不良、侮辱学生，影响恶劣，情节严重，构成故意伤害、侮辱犯罪的，依法追究刑事责任。如果教师公然侮辱学生或者捏造事实诽谤学生，情节严重的，教师将被处三年以下有期徒刑、拘役、管制或者剥夺政治权利。侮辱罪属于自诉案件，只有学生或其法定代理人向法院告诉的才处理。

相关规定

《刑法》

第二百三十四条 故意伤害他人身体的，处三年以下有期徒刑、拘役或者管制。

犯前款罪，致人重伤的，处三年以上十年以下有期徒刑；致人死亡或者以特别残忍手段致人重伤造成严重残疾的，处十年以上有期徒刑、无期徒刑或者死刑。本法另有规定的，依照规定。

第二百三十六条 以暴力、胁迫或者其他手段强奸妇女的，处三年以上十年以下有期徒刑。

奸淫不满十四周岁的幼女的，以强奸论，从重处罚。

强奸妇女、奸淫幼女，有下列情形之一的，处十年以上有期徒刑、无期徒刑或者死刑：

（一）强奸妇女、奸淫幼女情节恶劣的；

（二）强奸妇女、奸淫幼女多人的；

（三）在公共场所当众强奸妇女、奸淫幼女的；

（四）二人以上轮奸的；

（五）奸淫不满十周岁的幼女或者造成幼女伤害的；

（六）致使被害人重伤、死亡或者造成其他严重后果的。

第二百三十六条之一 对已满十四周岁不满十六周岁的未成

年女性负有监护、收养、看护、教育、医疗等特殊职责的人员，与该未成年女性发生性关系的，处三年以下有期徒刑；情节恶劣的，处三年以上十年以下有期徒刑。

有前款行为，同时又构成本法第二百三十六条规定之罪的，依照处罚较重的规定定罪处罚。

第二百三十七条　以暴力、胁迫或者其他方法强制猥亵他人或者侮辱妇女的，处五年以下有期徒刑或者拘役。

聚众或者在公共场所当众犯前款罪的，或者有其他恶劣情节的，处五年以上有期徒刑。

猥亵儿童的，处五年以下有期徒刑；有下列情形之一的，处五年以上有期徒刑：

（一）猥亵儿童多人或者多次的；

（二）聚众猥亵儿童的，或者在公共场所当众猥亵儿童，情节恶劣的；

（三）造成儿童伤害或者其他严重后果的；

（四）猥亵手段恶劣或者有其他恶劣情节的。

第二百四十六条　以暴力或者其他方法公然侮辱他人或者捏造事实诽谤他人，情节严重的，处三年以下有期徒刑、拘役、管制或者剥夺政治权利。

前款罪，告诉的才处理，但是严重危害社会秩序和国家利益的除外。

通过信息网络实施第一款规定的行为，被害人向人民法院告诉，但提供证据确有困难的，人民法院可以要求公安机关提供协助。

第二百六十条之一　对未成年人、老年人、患病的人、残疾人等负有监护、看护职责的人虐待被监护、看护的人，情节恶劣的，处三年以下有期徒刑或者拘役。

单位犯前款罪的，对单位判处罚金，并对其直接负责的主管人员和其他直接责任人员，依照前款的规定处罚。

……

第三百六十四条 传播淫秽的书刊、影片、音像、图片或者其他淫秽物品，情节严重的，处二年以下有期徒刑、拘役或者管制。

组织播放淫秽的电影、录像等音像制品的，处三年以下有期徒刑、拘役或者管制，并处罚金；情节严重的，处三年以上十年以下有期徒刑，并处罚金。

制作、复制淫秽的电影、录像等音像制品组织播放的，依照第二款的规定从重处罚。

向不满十八周岁的未成年人传播淫秽物品的，从重处罚。

《中小学教育惩戒规则（试行）》

第十五条第二款 教师违反本规则第十二条，情节轻微的，学校应当予以批评教育；情节严重的，应当暂停履行职责或者依法依规给予处分；给学生身心造成伤害，构成违法犯罪的，由公安机关依法处理。

图书在版编目(CIP)数据

教师法治教育手册 / 佟丽华主编 . —北京：中国法制出版社，2022.7（2025.8 重印）

ISBN 978-7-5216-2628-5

Ⅰ . ①教…　Ⅱ . ①佟…　Ⅲ . ①法律—基本知识—中国　Ⅳ . ① D920.4

中国版本图书馆 CIP 数据核字（2022）第 060118 号

责任编辑：程　思（chengsi@zgfzs.com）　　封面设计：李　宁

教师法治教育手册

JIAOSHI FAZHI JIAOYU SHOUCE

主编 / 佟丽华

经销 / 新华书店

印刷 / 北京虎彩文化传播有限公司

开本 / 880 毫米 × 1230 毫米　32 开　　印张 / 9.875　字数 / 213 千

版次 / 2022 年 7 月第 1 版　　2025 年 8 月第 4 次印刷

中国法制出版社出版

书号 ISBN 978-7-5216-2628-5　　定价：35.00 元

北京市西城区西便门西里甲 16 号西便门办公区

邮政编码：100053　　传真：010-63141600

网址：http://www.zgfzs.com　　**编辑部电话：010-63141806**

市场营销部电话：010-63141612　　**印务部电话：010-63141606**

（如有印装质量问题，请与本社印务部联系。）